사계절의 향기,
내가 좋아한 나무와 풀꽃,
그리고 사람들

사계절의 향기,
내가 좋아한 나무와 풀꽃,
그리고 사람들

2021년 6월 20일 초판 인쇄
2021년 6월 23일 초판 발행

지은이 조현숙 | 펴낸이 이찬규 | 펴낸곳 북코리아
등록번호 제03-01240호 | 전화 02-704-7840 | 팩스 02-704-7848
이메일 sunhaksa@korea.com | 홈페이지 www.북코리아.kr
주소 [13209] 경기도 성남시 중원구 사기막골로 45번길 14
　　　우림 2차 A동 1007호
ISBN 978-89-6324-777-9(03190)
값 14,000원

사계절의 향기,
내가 좋아한 나무와 풀꽃,
그리고 사람들

조현숙 산책수필집

북코리아

프롤로그

걷는 것을 좋아하여 산책하는 일상의 새로운 습관을 갖게 되었습니다. 봄, 여름, 가을, 그리고 겨울. 그 계절의 흐름을 보다 가까이서 만나고 느낄 수 있는 시간을 가집니다. 매일 매일의 일상을 살아가면서 공기의 향기와 하늘의 빛깔과 계절마다 피고 지는 풀꽃들과 나무와 강물을 자세히, 따스한 마음으로 보면서 한 걸음씩 한 걸음씩 걷습니다.

고요한 마음으로 허리를 낮추고 주위 세상을 바라보면 보이지 않았던 것들이 보이고 들리지 않았던 것들의 목소리를 듣게 되기도 합니다. 산책을 하면서 풀꽃들과 나무와 사람들을 많이 만나고 생각하게 됩니다. 이름을 몰라서 불러주지 못했던 풀꽃들의 이름을 찾아보고 그들의 이름을 불러줄 수 있는 기쁨과 함께하기도 합니다.

이전에는 느껴보지 못했던 의미 있는 마음을 새롭게 느끼며 늘 그 자리에 있었으나 내가 불러주지 않아서 그들의 존재의 의미를 느끼지 못했던 시간들을 되돌리며 온전히 풀꽃, 자연, 그들의 목소리를 듣고 싶고 그 안에서 그들과 함께 살아가고자 하는 나의 노력을 정성껏 하고 싶어집니다. 사람들은 모두 이 세상에 찾아온 자연의 일부이며 한 송이 꽃이라 할 수 있으므로 자연과 친근한 만남을 더욱 새롭게 하고 싶어집니다. 하나의 잎새처럼 나도 이 세상에 와서 움트고 성숙하고 여물어가고 다시 새싹의 거름으로 조용히 돌아가야 할 시간의 순례자임을 감사하게 느낍니다.

나에게 행복의 마음과 소중한 의미를 선물로 주었던 수많은 풀꽃들과 나무에 감사하며, 그들과 함께 옆에서 더불어 존재했던 많은 사람들의 인연에 감사하며, 나 주위의 세계를 더욱 열린 마음으로 소중히 여기며 손잡기를 희망합니다.

2020 어느 겨울날,
경주 옛 절터에서 한 장의 잎사귀처럼 걸어 다니다.

조현숙

목차

봄의 시작, 움트다

여름의 향기, 성숙해지다

가을의 손짓, 여물어가다

겨울의 고요, 단단해지다

[봄]

봄의 시작, 움트다

ⓒ 조현숙

향나무 연필과 열 칸짜리 공책

———

삼월, 나의 생애 처음 학교에 입학하던 날이 어제인 듯 생각납니다. 이른 봄 쌀쌀한 공기 속에 아버지의 손을 잡고 학교에 입학하던 첫날, 처음 만나는 선생님의 안내를 따라가며 둥글게 원을 그리며 반 친구들의 얼굴을 처음 만나던 날, 그날의 운동장과 흙바람과 맑게 부서지던 햇살을 기억합니다.

교실에 들어가 처음 나무 책상에 앉고 연필을 깎던 순간, 주위의 어머니들이 "어머나, 연필도 잘 깎네." 하시던 목소리가 어깨를 으쓱하게 만들던 순간과 한편으로 수줍던 마음도 생각납니다.

사각사각 소리를 내며 깎이던 연필과 깎을 때마다 나던 향나무 향이 코에 기분 좋게 느껴지던 어린 나의 학교 시절, 향나무가 처음으로 내 인생에 신기하게 다가왔습니다. 나무에 이런 향이 나다니, 그때부터 연필이 좋아졌습니다. 공책에 글씨를 쓸 때 나는 연필 소리와 손에 느껴지던 감촉과 향나무 향기와 널찍하게 칸이 마련되어 있던 열 칸짜리 공책도 참 좋았습니다.

단발머리 어린 나의 모습과 엄마가 준비해 준 빨간 외투와 아버지께서 신겨주신 까만 털 장화가 따스한 기억으로 남아있습니다. 공책의 위쪽 모퉁이에 구멍을 뚫고 줄을 끼워 달아 교실의 한 면에 걸어 전시해 두었던 그 공간, 교장 선생님과 담임 선생님께서 반 친구들의 공책을 살펴보며 말씀을 나누던 어느 날의 시간이 기억 속에 행복한 순간으로 남아있습니다.

마지막에 걸려 있었던 내 공책, 그 공책을 펴 보시며 교장 선생님께서 웃으시던 모습이 기억의 창에 남아있습니다. 아마 공책에는 선생님께서 칠판에 적어주신 단계별 한글 글쓰기 내용을 나의 고사리손으로 한자씩 써 내려간 흔적이 있었으리라 짐작합니다. 큰 글자체로 칸에 시원스럽게 잘 썼다는 말씀을 나누시며 담임 선생님과 교장 선생님께서 흐뭇해하시던 대화 장면이 교실의 먼 곳에서도 보였습니다. 그때 두 선생님의 머리와 어깨 위에는 교실 유리창 너머로 햇빛이 환하게 들어오고 있었답니다.

아, 바로 그 순간 조금 낯설고 두렵게 느껴지던 생애 첫 학교생활이 다르게 와 닿았습니다. 그때부터 학교와 선생님들이 참 좋아졌습니다. 그 순간의 영광스럽고 자랑스러웠던 작은 마음의 체험이 오랫동안 학교에 머물도록 나를 이끈 씨앗이 된 바로 그 순간이 아니었을까 지금 여기 이곳에서 생각해 봅니다.

민들레의 영토와 꽃술 슬리퍼

———

노란 민들레, 양지바른 언덕에 소복소복 피어나는 태양을 닮은 꽃, 민들레를 보면 나도 모르게 고개를 숙여 바라보고 미소를 짓게 됩니다.

노란 꽃망울이 소복한 복스러운 꽃 얼굴, 숱 많은 꽃송이를 바라보며 행복한 웃음을 짓게 되는 봄날, 어느 따스한 봄날, 양지바른 언덕에 송송 돋아난 민들레 나물을 뜯어 와 민들레김치를 만들어서 가족과 봄의 생명력을 맛보는 시간을 가졌습니다.

봄 햇살의 기운을 담뿍 담고 조금 쌉싸름한 맛이 스며있는 민들레김치를 우리 가족들끼리만 먹기가 아까웠습니다. 가만히 주위의 사람들을 생각해보니 친절한 마음으로 조용히 세상을 움직이는 깊은 마음을 지닌 친구가 생각났지요. 일상에서 고요하게 사랑의 마음을 작은 행동으로 실천하며 살아가는, 친구에게 주려고 조그만 유리그릇에 담아가서 아침에 건네주었습니다. 친구의 얼굴에 피어나던 환한 미소, 그날 저녁 가족들과 맛있게 먹었다고 전해주는 따스한 인사

말과 노란 민들레 꽃 얼굴이 함께 어우러진 어느 봄날의 햇살같은 추억입니다.

어느 봄날 전통시장에 들렀다가 지나던 길이었습니다. 신발가게에서 민들레 꽃모양의 수술이 달린 슬리퍼를 보았습니다. 민들레를 늘 생각할 수 있는 디자인이어서 망설임 없이 신발을 샀지요. 두 해에 걸쳐 봄에서 가을까지 잘 신고 다니며 민들레를 생각해보는 시간이 참 즐거웠던 기억도 함께합니다.

민들레 홀씨를 보면 후 불어 바람에 날리고 싶어집니다. 민들레 홀씨들이 날아가는 모습을 그린 그림엽서를 사서 친구에게 손편지를 적어 보낸 기억도 새로워지네요. 태양을 닮은 노란 꽃, 민들레처럼 환하게 살아보기로 다짐하는 새 봄날이 싱그러운 태양처럼 빛나고 있습니다.

제비꽃 반지와 여동생 목소리

———

보랏빛 제비꽃의 목소리, "봄이야, 신나게 살아 봐!"라고 속삭이는 봄날의 작고 소박한 제비꽃은 봄소식을 살며시 전해주는 귀여운 꽃입니다.

새 봄날이면 일터 책상 위에 작은 도자기 화병에 데려 와 자주 눈을 맞추며 바라보고 봄날의 기운을 듬뿍 느끼며 꽃들에게 이야기를 걸어본 기억이 아련하게 떠오릅니다.

여동생의 생기발랄한 목소리도 생각납니다. 만날 때마다 "언니, 언니!"하며 졸졸졸 따라다니던 정다운 여동생의 손가락에 보랏빛 제비꽃 반지를 만들어 끼워주었던 어린 시절을 생각하며 추억에 잠기기도 하지요. 유난히 나를 정겹게 따르며 다정한 목소리를 들려주던 활발한 동생의 모습이 생각납니다.

고등학교 일학년 시절의 어느 봄날 여동생과 상주 북천의 천방둑에 산책을 나갔습니다. 봄꽃들이 작은 모습으로 이곳저곳에 송이 송이 무리를 이루며 노란 잔디밭 사이로 얼굴을 내밀던 봄날이었지요. 그 사이로 보랏빛 제비꽃이 꽃송이를 이루며 피고 있었답니다. 꽃들의 모습을 보는 순간 동생에게 선물을 해 주고 싶은 마음이 언뜻 들었습니다. 봄의 선물, 희망의 선물을 여동생에게 전해주고 싶었지요. 제비꽃의 가녀린 맑고 긴 연두색 줄기와 귀여운 모자 모양의 보랏빛 꽃이 꽃반지를 만들기에 아주 좋았습니다. "손 내밀어 봐, 반지 끼워 줄게."라고 말하며 통통한 작은 손가락에 봄의 꽃반지를 만들어 주었던 기억이 떠오릅니다.

봄처럼 피어나기를 희망하며, 겨울 지나고 메마른 잔디밭 사이에서도 환하게 피어나 생명의 봄을 노래하는 소박하고 작은 제비꽃의 기운이 동생에게 전해지기를 희망하던 봄날이었습니다. 피붙이의 아련한 아픔과 바라보기만 해도 흐뭇하던 순간들이 떠오릅니다.

해마다 봄이면 여기저기 자연스럽게 피어나는 야생화 제비꽃을 볼 때마다 여동생의 해맑은 웃음소리와 미소 짓던 얼굴과 언니 언니 부르며 따르던 목소리가 다시 들려옵니다.

목련꽃망울과 산골 교정의 아이들

———

하늘 향해 고요히 날아오를 준비를 하는 듯한 목련꽃, 꽃부터 먼저 환한 등으로 피어나 사람들에게 고요한 봄의 인사를 하는 목련, 조용하지만 우아하게 살아보고 싶다는 소망을 품게 하는 목련입니다. 목련이 피는 계절이면 마음은 옛 중학교 시절의 교정으로 다시 갑니다.

풍금이 있던 교실, 그곳의 학창 시절과 음악 시간을 생각나게 하는 하얀 목련화입니다.

"오 오 내 사랑 목련화야, 그대 내 사랑 목련화야
희고 순결한 그대 모습 봄에 온 가인과 같고
추운 겨울 헤치고 온 봄 길잡이 목련화는
새 시대의 선구자요 배달의 얼이로다
오 내 사랑 목련화야 그대 내 사랑 목련화야
오 내 사랑 목련화야 그대 내 사랑 목련화야
그대처럼 순결하게 그대처럼 강인하게
오늘도 내일도 영원히 나 아름답게 살아가리라

내 사랑 목련화야 그대 내 사랑 목련화야

오늘도 내일도 영원히 나 아름답게 살아가리라.”

　중학 시절 풍금 소리와 음악 선생님의 소프라노 목소리를
떠올리게 하는 봄의 전령사 목련화는 중학교의 교실로 나를
데려가 그리움의 호수에 젖게 합니다. 빨간 투피스를 곱게
입으시고 소프라노 목소리로 너무나도 아름답게 노래를 들
려주시던 음악 선생님이 생각납니다.

　이후 세월이 흘러 나도 시골의 어느 작은 학교에서 교사
로서 아이들과 생활하던 시절, 교정에 있던 하얀 목련이 생
각납니다. 새의 부리와 같은 모양으로 옹기종기 모여 있던
꽃봉오리들이 찬 봄바람 속에 하늘을 향하여 피어오르던 이
른 봄날, 서른 명 남짓 어린 벗들과 함께 꿈꾸던 목련의 하얀
꽃 사태 속에 어린 제자들의 소망도 피어가던 그때 그 시절
을 생각하며 아련한 추억에 잠겨 봅니다.

　산골의 조그만 학교, 아이들은 다소 활기가 없어 보였고
잠재력은 아직 숨어있는 듯 보였던 학교였습니다. 그곳에
생명을 불어넣은 한 분이 생각납니다. 다양한 프로그램을
기획하여 교내 체육대회를 진행하시던 분, 아이들의 활발한
목소리와 뜨거운 응원과 단결심을 발휘하도록 안내하시던
분, 이후 아이들의 마음에는 긍정의 씨앗이 싹트기 시작했
습니다. 나날이 조금씩 변화하는 긍정의 모습을 만날 수 있

었지요.

관내 학교의 학생들을 대상으로 하는 영어 말하기 대회가
있었습니다. 한 여학생에게 참가해보지 않겠느냐고 물어보
고 난 후, 주저하며 망설이던 녀석에게 용기를 내어 출전해
자신의 기회를 당당하게 잡으라고 권유를 했지요. 그 학생
은 자신의 진로에 대한 이야기를 진솔하게 풀어가는 원고를
써 오고 함께 읽어보고 다듬으며 말하기 대회를 준비했습니
다. 비록 찬란한 대상은 아니었으나 입상을 하고 자신에게
숨겨져 있던 재능을 조금씩 발견해가는 아이의 모습을 보았
습니다. 그 학생의 마음 안에 입상의 경험은 스스로 자신의
인생의 새로운 문을 여는 출발점이 되었으리라 생각하지요.
그 학생의 예전 모습을 알던 분은 "와, 대단한데. 지금은 용
이 되었구나!" 하시며 기뻐해 주셨답니다.

해마다 하늘 향해 피는 목련꽃 봉오리의 새의 입모양을
닮은 모습을 보면, 자신의 껍질을 스스로 깨고 나와 꿈을 향
해 한 걸음씩 발걸음을 내딛던 조그마한 산골 교정의 한 여
학생의 얼굴이 떠오릅니다. 아이들 속에는 씨앗이 하나씩
숨겨져 있지요. 새싹을 피워 내고 잎새를 키워나가며 꽃을
피우며 열매를 맺어 나갈 희망의 씨앗이 내면에 보석처럼
숨겨져 있음을 느낍니다.

수선화와 부활절

―――――

봄이 오는 느낌은 공기의 흐름 속에서 가장 빨리 느낄 수 있습니다. 봄눈이 아직 산꼭대기에 남아 있는 이른 봄의 계절, 언 땅 뚫고 일어서는 새싹들이 산과 들과 정원에 솟아오르는 계절, 아주 조금씩 조금씩 초록 잎새를 땅 위로 밀어 올리는 수선화를 만나는 봄이면 부활절의 생명 기운에 푹 젖어 듭니다.

수선화를 만나는 봄날이면 그 봄의 환희와 넘치는 생기에 가슴이 설렙니다.

노란 별, 하얀 별 모양의 수선화 꽃 얼굴을 보면서 새로운 봄, 새로운 한 해를 고요히 생기 있게 잘살아 보아야겠다는 다짐을 새롭게 하게 됩니다.

나의 마음을 움직이게 만드는 수선화의 부드러운 힘! 자신의 일상에서 세상을 바꾸는 가장 큰 일은 사람을 바꾸는 일임을, 그것은 바로 나 자신이 바뀌는 일이라는 것을 수선화는 해마다 되살아오는 새로운 봄날에 말해주는 듯합니다.

부활, 다시 살아오는 것, 바로 나 자신에서 시작하는 일이라는 것을 해마다 부활절 무렵에 피어나는 수선화를 보며 생각합니다.

지난날 묵은 생기 없음과 의기소침, 타성에 젖은 일상, 안일에 머무르려는 나약함, 무관심, 실천과 멀어진 미적지근함, 나만 생각한 작은 이기심과의 단호한 결별을 하라고 일깨워주는 수선화 연약한 꽃잎! 그 연약한 모습으로 검은 흙, 단단한 흙을 밀어 올리며 온전히 자신을 걸고 온 힘을 다하는 노력 끝에 마침내 싹을 틔워 올리고 꽃물을 빨아올려 꽃을 피워 내는 수선화의 부드러운 위대한 힘을 보면서 진정한 부활의 의미를 만나게 됩니다.

거의 이십 년 동안 습관적으로 행해오는 나의 봄날의 행사가 있습니다. 햇살 따사로운 봄날이면 식탁에 노란 수선화 화분을 놓아두게 됩니다. 그래서 봄날이면 꽃집에 자주 들리게 되지요. 어느 조용한 봄날 일요일이면 노란 수선화 화분을 꽃집에서 사서 데려와 늘 눈길을 주며 자주 바라보면서 나 자신의 삶에서 새로운 부활의 의미를 되새기는 시간을 갖습니다.

버드나무와 외삼촌의 풀피리

———

봄날 시내버스를 타고 갈 때 차창으로 보이는 강변 버드나무의 모습은 마음을 부드럽게 만들어 줍니다. 긴 머리카락을 바람에 맡기며 부드럽게 휘날리는 모습은 여행을 떠나고 싶게 합니다.

따스한 봄바람에 살랑 연둣빛 움이 트는 버드나무의 모습을 바라보면 이젤과 팔레트와 수채화 물감과 물통을 준비해 들고 강변으로 나가고 싶어집니다. 연둣빛으로 젖어 드는 마음 따라 마음이 움직이는 것을 수채화로 그리고 싶어집니다.

문득 수채화처럼 맑게 또한 봄볕처럼 더욱 따스하게 살고 싶어집니다. 언 마음을 녹이며 따스하게 주변 사람들에게 온기를 나누어 주는 일을 하며 살고 싶어집니다.

봄날의 버드나무를 보면 마음이 저절로 풍부해집니다. 버드나무의 가늘고 긴 치렁치렁한 머리카락을 바라보면 신비스럽고 풍성한 자태에 나도 여유로운 마음이 되곤 합니다. 그래서 버드나무를 닮은 긴 생머리를 좋아합니다. 버드나무 물오르는 강변을 찾아갈 때는 하얀 운동화를 신고 청바지를 입고 긴 생머리를 휘날리며 바람에 실려 달려가고 싶어집니다.

꿈꾸는 버드나무, 어릴 적 외삼촌이 만들어 불어주던 풀피리 소리가 들리는 듯합니다. 나무에 물이 오르는 봄날, 버드나무 가지로 풀피리를 만들 수 있다는 사실에 신기하여 동그랗게 커진 어린 나의 눈동자가 보이는 듯합니다. 어린 시절의 나에게 있어 외삼촌 두 분은 영웅이었지요. 무엇이든 척척 해결해내는 믿음직하고도 멋있는 존재였답니다. 숨바꼭질도 잘하고, 호두나무에도 잘 올라갔으며, 풀피리, 썰매, 자치기 놀이에 필요한 것들 등 무엇이든 쓱싹 만들어내던 신비한 솜씨를 지녔던 분들로 기억에 남아 있습니다.

풍성한 상상력과 생명과 희망을 선물로 전해주던 버드나무, 살아있는 이야기를 두런두런 들려주는 듯 손짓하는 버드나무, 바람결에 이리저리 흩날리는 버드나무 가지들을 보면 어린 시절 풀피리의 흥겹던 소리가 들리는 듯하고 이제는 가버린 어린 날들이지만 그 자리에 더욱 큰 나무가 되어 조용히 스쳐 간 사람들의 이야기를 들려주는 버드나무의 속삭이는 소리가 들리는 듯합니다.

토끼풀, 클로버와 담임 선생님의 꽃반지

회색의 겨울을 지나 봄날 땅에서 움터오는 작고 연약한 새싹의 모습, 땅을 뚫고 올라오는 희망의 속삭임을 좋아합니다.

움츠렸던 마음을 활짝 펴고 활기 있게 움직이고 싶은 마음을 용솟음치게 만드는 작은 새싹의 위대한 힘을 느끼는 봄날! "봄이야, 봄!"하고 외치고 있는 새싹들의 귀여운 얼굴을 참 좋아합니다.

세 잎으로 된 토끼풀을 처음 보았던 날, 아홉 살 어린 소녀의 기쁨이 아직도 남아 있습니다. 어쩌면 풀잎이 이렇게도 예쁘게 생겼을까 하는 생각이 언뜻 들어 한참을 쪼그리고 앉아 들여다보았던 순간이 생각납니다.

봄날, 이곳저곳에 소복소복 무리를 지어 행복의 얼굴로 바람에 흔들리는 토끼풀, 세 잎과 네 잎. 다른 얼굴로 함께 어울려 친구들의 무리를 이루며 소곤대는 말, "다르면 어때, 우리 함께 꽃피우자."라고 말해주는 듯 봄바람에 살랑살랑 흔들리는 클로버는 아홉 살 어린 시절의 어느 깊은 봄날로 나를 데려갑니다.

어느 봄날, 학교 운동장에서 민반공 대피 훈련 중이었지요. 풀밭에 옹기종기 모여 있던 어린 우리들에게 훈련은 놀이로 생각되었고 훈련보다 담임 선생님의 손가락에 풀꽃반지를 만들어 끼워드렸던 기억이 더 좋은 추억으로 남아 있습니다. 선생님의 손가락에 끼워져 있던 가는 황금 실반지가 햇빛에 반짝였고 그 옆 손가락에 우린 풀꽃으로 만든 꽃반지를 끼워드렸지요.

봄날이면 긴 겨울을 지난 검은 땅에서 기적처럼 연둣빛의 연약한 모습으로 뾰족이 솟아오르는 토끼풀, 며칠 사이에 연두에서 연초록으로 변하며 잎사귀를 점점 키워가는 토끼풀, 따뜻한 봄볕에 금방 친구들의 무리를 이루며 바람결에 하늘거리고 있는 토끼풀의 무더기들.

인생의 정원에서 잠시 스쳐 지나갔던 소중한 사람들의 모습이 클로버의 초록 물결 사이로 아른거리고 있습니다.

벚꽃 꽃그늘과 출근하는 발길

검은 꽃나무 줄기에서 연분홍빛 꽃망울이 몽글몽글 맺히다가 어느 날 봄비가 온 뒤 문득 꽃망울들이 커지고 봄바람이 살랑 부는 따스한 날, 놀란 듯 화들짝 화사하게 피어나는 벚꽃의 함성에서 생의 환희를 느낍니다.

주말이면 꽃나무 길을 따라 산책을 하며 나에게 허락된 하루하루의 시간을 화사하게 아름다운 여행으로 만들어 보고 싶다는 꿈 너머 꿈을 꾸게 만드는 벚꽃. 짧은 시간 방긋방긋 최대한의 화사함을 스스로에게 허락하고 때가 되면 미련 없이 공기 중에 가벼이 흩날리는 꽃잎을 보며 꽃나무의 단호함을 배우게 됩니다.

허락된 오늘 지금 이 순간을 최대한 사랑하며 지낼 것을 다시 생각하고 필요할 때 단호한 지혜를 발휘하며 다음에 피어날 연두의 잎사귀를 위해 아낌없이 흩날리는 꽃나무의 현명함을 생각하게 됩니다.

처음 새로운 터전을 마련하여 새로운 삶을 시작하던 옛날, 출근길에 화사하게 서 있던 분홍빛 꽃나무들과 옆집의 어린 남자아이의 통통한 배와 개구쟁이 목소리가 생각납니다. 작은 마을인 경북 점촌에서의 신선한 시작과 출발을 화사하게 응원해주던 벚꽃 나무들. 조그마한 물줄기가 흐르던 모전천 양옆에 줄지어 서서 환한 꽃사태를 만들던 벚꽃 꽃그늘이 환히 웃으며 기억의 오솔길에 되살아납니다.

그 꽃길을 연분홍 물결 속에 일터로 출근하던 기억이 어제인 듯 새롭게 다가옵니다. 그 삶의 길에 함께 했었던 이웃들의 목소리와 텃밭에 자라나던 어린 상추 새싹과 빨래줄에 내려앉던 봄 햇살의 다사로움이 벚꽃 향기와 더불어 되살아납니다.

정다운 벗과 남이섬의 꽃나무

———

봄날, 야산 언덕에 진달래 분홍빛이 조금씩 나타나기 시작하는 봄날, 강원도 춘천을 지나 남이섬으로 여행을 떠났습니다.

주말에 시간을 만들어 잠시 일상을 벗어나 정다운 벗과 함께 강원도로 갔던 여행길이었지요. 나무 전체가 온통 봄꽃이었던 모습이 새로웠습니다. 온몸 전체를 꽃으로 뒤덮고 봄 인사를 건네던 꽃나무, 봄풀들과 봄바람에 생명의 기운을 전하던 남이섬.

나의 삶도 사람들에게 꽃다운 향기를 전하는 길이기를 희망하며 삶의 나침반을 다시 새롭게 닦아보는 시간을 가졌습니다. 여행은 나를 돌아보고 다시 삶의 방향을 살펴보게 하는 힘을 가진듯합니다. 온몸에 꽃을 달고 봄바람에 하늘거리던 키 큰 꽃나무처럼 주변에 잔잔한 향기를 전하며 꽃나무로 살아가고 싶다는 소망을 품게 되었습니다.

떠났다 집으로 돌아오는 길, 도로의 양옆 산골짜기에는 봄 진달래가 무더기를 이루며 환하게 이 산 저 산 피어 있는 것을 보았습니다. 검은 산, 무채색의 산에 봄빛을 알리며 분홍빛 화사한 꽃등을 켜고 있던 진달래, 그 분홍빛 목소리가 조용한 시간 가끔씩 마음의 창가에 찾아옵니다.

진달래는 새로운 시작을 응원하고 있었습니다.

'새롭게, 늘 새롭게!'를 소리 없이 외치고 있는 듯 보였습니다. '일신우일신(日新又日新)'을 어린 우리에게 가르쳐주시던 학창 시절의 한문 선생님 목소리도 연분홍 진달래 꽃무리 속에서 되살아나고 있었습니다.

엄마 일 가는 길에 하얀 찔레꽃

———

햇살이 솜처럼 따스하게 내리쬐는 봄날, 오솔길 산책하다 문득 기분 좋은 향기가 바람에 실려 오는 순간 주변을 두리번거리다 하얀 찔레꽃 무리를 만났습니다. 넝쿨을 이루어 소담스럽게 무리 지은 모습으로 다섯 개의 하얀 꽃잎들이 초록 잎사귀 사이 사이에 앉아 환하게 웃는 모습을 보았습니다. 봄날이 짙어지고 있음을 느끼게 됩니다.

찔레꽃 피는 계절이면 찔레꽃의 하얀 꽃잎들을 보며 향긋하고 순한 향기를 맡으며 나도 세상을 순하게 살고 싶다는 생각을 합니다. 내가 선 지금의 이 자리에서 이 상황에서 내 주위의 사람들에게 순하고 은은하며 청아한 향기를 풍기는 나날의 삶을 만들어야겠다는 다짐도 합니다.

봄볕이 무르익어 한껏 따사로운 봄날, 하얀 찔레꽃, 작은 꽃송이를 보며 생각에 잠깁니다. 어느 봄날 과수원에 사과나무의 엄지손톱 크기의 사과 알을 솎아 주는 일을 하러 나가신 엄마를 외롭게 기다리던 어린 시절 나의 모습도 찔레꽃 속에 살며시 스미어 있습니다.

찔레꽃 하얀 꽃의 향기를 닮은 엄마, 언제 불러보아도 좋은 '엄마'라는 이름, 삶의 여정에서 숨 가쁜 순간들, 독한 마음이 드는 순간들, 바쁜 마음으로 이리저리 헤매는 순간들이 있을 때마다 순한 마음으로 다시 돌아가도록 만드는 '엄마'라는 이름, 평정심의 기본으로 돌아가도록 만드는 힘이 있는 '엄마'라는 거룩한 이름, 나에게도 엄마가 있습니다. 감사합니다, 엄마, 어머니, 어머님!

누구에게나 엄마가 있습니다. 생명의 시원을 생각하게 하는 고마운 이름, 엄마! 하얀 찔레꽃을 닮은 엄마를 생각하며 그분의 건강과 안녕과 하얀 미소를 희망하는 봄날입니다.

아카시아 하얀 꽃 얼굴과 수녀님의 꽃 튀김

―――

화사한 봄날을 더욱 아름답게 만들어 주는 하얀 아카시아 꽃다발, 키 큰 아카시아 나무에 주렁주렁 매달린 꽃송이 꽃송이들을 보면 하얀 미소가 저절로 떠오릅니다. 봄의 향기를 더욱 진하게 바람에 날리며 사람들의 마음을 따스하고 향기롭게 만들어 주는 아카시아꽃. 오월에 만나는 꽃향기는 세상에 아름다운 향기를 널리 퍼뜨리며 사는 봄을 닮은 향긋한 삶을 살고 싶다는 다짐을 하도록 이끌어 줍니다.

뿌리에 집중하는 침묵의 긴 겨울, 눈보라와 거센 바람, 추위와 서리를 견디고 내부로 깊이 내려간 그 오랜 침묵의 시간을 지나 꽃물을 길어 올리고 거친 나무껍질을 뚫고 여린 잎사귀를 밀어 올린 생명력의 놀라움을 느끼게 됩니다. 마침내 하얀 꽃송이 송이들을 피우고 있는 꽃들의 희망을 바라보며 생명의 위대함을 예찬하고 싶은 마음이 듭니다.

어느 해 봄날, 아카시아꽃 튀김을 해서 가족들과 향기로운 식탁에 앉은 적이 있습니다. 부산에 사시는 시인 수녀님께서 꽃 튀김을 먹고 꽃들에게 미안한 마음이 들었다는 수

녀님의 글을 읽고서 나도 한번 그 마음을 느껴보고 싶다는 생각에 준비한 아카시아꽃 튀김이었지요. 봄 햇살과 바람과 공기와 향기를 먹는 마음이 들었습니다. "아카시아 꽃님! 당신 덕분에 더욱 향기롭게 살겠습니다."라고 다짐을 하면서.

봄날을 더욱 화사하게 만들어 주는 아카시아의 하얀 꽃송이 작은 꽃송이들에서 나의 삶도 작은 일부터 한 송이 한 송이 꽃피우는 행동으로 더욱 향기롭게 만들어야겠다는 다짐을 하게 되는 봄날입니다.

진달래 꽃수레와 친구들

———

　가느다란 꽃가지에 풍성한 연분홍 꽃송이를 피워 올리는 진달래가 겨울눈이 녹으면 산골짜기 이곳저곳에서 훈풍과 더불어 피어납니다.

　긴 겨울 지난 후 해마다 무채색의 말 없는 표정으로 깊은 침묵에 젖어있는 산골짜기에 찾아와 조용히 화사하게 피는 이 산 저 산 연분홍 진달래를 볼 때마다 김소월의 시, '진달래'를 배우던 국어 수업 시간이 늘 떠오릅니다. 먼 옛날의 시간이 지금 눈앞에 되살아 와 그때 그 자리 그 교실과 종소리, 친구들 얼굴, 교실 풍경까지 살아있게 만들고 그들과 함께 지나온 세월들이 마음에 다시 출렁입니다.

　중학교 이학년 시절 어느 상큼한 봄날 아침, 진달래를 한 아름 꺾어 자전거 뒷좌석에 가득 싣고 오던 친구의 붉게 상기된 얼굴이 생각납니다. 그 친구는 얼마나 기뻤을까요, 그 친구가 진달래 꽃무리 전체로 보였습니다. 아침 햇살과 신선한 봄 공기 속을 자전거 뒤에 연분홍 진달래를 가득 싣고 힘차게 페달을 밟아 학교에 오던 친구. 그때는 자전거를 타고 등교하는 친구들이 참 많았다는 생각도 하게 됩니다. 너무 예쁜 꽃을 선생님과 친구들에게 보여주고 싶어서 가져왔으리라 생각합니다.

교탁에 화사하게 꽂아두고 봄날을 누렸던 열네 살 나의 어린 시절이 새롭게 생각납니다. 산천에 봄이 왔음을 알려주는 연분홍 봄소식에 마음도 환한 꽃등을 켜고 새로운 한 해를 시작하게 됩니다.

연두 솔방울과 소나무 새순들

———

소나무 연둣빛 새싹이 돋는 모습을 바라보며 소나무 숲길을 산책하는 봄날을 좋아합니다. 사시사철 푸르른 소나무도 아기처럼 연한 유록색의 새순을 돋게 하는 봄날, 청아한 솔향에 마음이 차분해지는 봄날, 솔순으로 솔청을 만드는 시간도 가질 수 있어 더욱 행복해지는 봄날입니다.

소나무도 연둣빛 햇순을 송송 피워 올리는 모습을 2020 봄날에 아주 가까이에서 만났습니다.

소나무는 무언가 씩씩하고 굳은 의지, 독립군의 기상과 극복된 고난 등 감정을 잘 드러내지 않지만 의연하고 강건한 자태의 이미지로 나에게 남아있는데, 어느 봄날, 나는 보았지요. 그도 연약하고 보드라운 연둣빛 새순으로 시작한다는 것을.

연두의 힘, 작고 연약한 모습의 생명이 참으로 위대한 생명의 시작임을 보았습니다. 송송송 올라오던 솔순들, 솔방울도 유록색으로 시작한다는 것을 처음 보고 알게 되었습니다. 그때의 신기함과 놀라움은 아직도 가슴에 남아있습니다.

관념과 체험의 차이를 다시 만난 2020년의 봄날! 끊임없이 애정 어린 눈길로 나의 주위를 살펴보고 그들의 참된 의미를 알아가고 소중하게 나를 둘러싼 세상을 더욱 사랑해야겠다는 다짐을 다시 하게 된 봄날, 연둣빛 솔순의 연약하지만 강한 힘을 만난 생기 넘치는 봄날! 참 좋습니다, 그 경이로움을 만난 봄날. 늘 소나무는 철갑을 두른 듯 짙은 갈색의 두툼한 껍질과 우람한 자태로 씩씩한 모습을 보여주어 나의 마음속에는 늘 푸른 소나무, 용감하고 의연한 소나무, 굳센 기상으로 남아있었고, 시인 윤동주와 먼 북만주 남만주로 살길 찾아 떠났던 우리 선조들의 마음에 모진 북풍한설도 이겨내는 강인한 기상을 심어주었던 우람한 모습으로 나의 마음에 우뚝 서 있었지요.

내 마음의 고정관념을 올해 봄날 깨뜨리게 된 순간이 있었습니다. 소나무도 그 시작은 연한 연두색의 새싹이었다는 사실을 봄날 보았습니다. 큰 나무도 연약한 작은 새싹에서 시작한다는 것을 새롭게 보고 느끼게 된 봄날이었습니다. 솔방울이 연두색의 모습으로 시작한다는 사실도 경이로 다가왔습니다. "자세히 보아야 알게 되고 알면 사랑하게 된다."라는 말을 실감하는 순간이었습니다.

해마다 만나게 되는 계절이지만 자세를 낮추고 눈을 크게 뜨고 가만히 자세히 바라볼수록 새롭게 알게 되는 감격의 순간이 온통 봄날의 천지에 존재함을 느낍니다. 내 마음에 새로움을 선물해 준 소나무 연둣빛 솔방울과 소나무 가지의 새싹들에 감사함을 느낍니다. 작고 연약한 것을 소중히 여겨야겠다는 생각을 더욱 하게 됩니다.

온 우주가 한 가족인 듯 다가옵니다, 봄날의 주변을 둘러보면.

상사화의 만남과 헤어짐

———

　수선화과 상사화의 초록색 잎이 봄날의 보드라운 흙을 뚫고 송송 올라오는 모습을 바라보는 봄날을 좋아합니다. 팔월에 피는 꽃을 그리워하며 삼월의 포근한 봄날 향긋한 흙 속에서 솟아오르는 초록빛 잎새들의 환희, 기다림의 희망과 인내, 그리고 초연함을 느끼게 해 주는 상사화.

　삶의 정원에서 의미 있는 사람들을 기다리고 소중하게 만나고 아쉬운 헤어짐을 하는 우리의 삶이 하나의 끈으로 연결되어 있음을 고요히 느끼게 해주는 꽃입니다. 만남과 헤어짐이 하나임을, 기쁨과 슬픔이 하나로 연결되어 있음을. 너와 나는 하나의 뿌리로 연결되어 있음을, 남남이 아님을, 꽃의 온 삶을 통해서 말해주는 상사화입니다. 잎이 나고 사라진 바로 그 자리에 꽃이 돋아나는 것을 봅니다.

　그리하여 나는 해마다 봄이면 봄의 뜰에서 상사화 초록잎이 돋아나는 것을 하루에도 여러 번 산책을 나오며 바라보고 또 사무실로 들어가며 바라보면서 만남도 헤어짐도 인연의 소중한 끈으로 널리 연결되어 있음을 새삼 생각합니다.

어느 해 봄날 먼 곳으로 떠난 피붙이 형제를 이제는 평화로운 마음으로 그리워합니다. "엄마, 이제 내 걱정은 하지 마!" 마지막 그의 목소리, 아직도 아프게 되살아오는 순간이 있습니다. 지구별에서 드넓은 우주 공간에서 우린 한때 소중한 가족으로 반짝이는 별같은 인연으로 맺어 있었음에 감사하는 마음을 갖게 됩니다.

그러나 아직도 먹먹한 가슴은 어쩌지 못합니다, 상사화 초록잎이 싹터 오는 봄날이면. 가족의 인연, 한 가지가 떨어져 나가는 아픔을 제망매가(祭亡妹歌)를 읽어보며 상사화를 바라봅니다. 다시 또 만날 것을 약속하며, 이미 만나고 있음을 하늘 아래 살아가고 있는 삶 속에서 느끼며 상사화 초록잎이 땅에서 솟아나는 봄이면 향가 '제망매가'를 찾아 읽어봅니다.

제망매가 (祭亡妹歌)

生死路隱 此矣 有阿米 次肹伊遣

吾隱去內如辭叱都 毛如云遣去內尼叱古

於內秋察早隱風未 此矣彼矣浮良落尸葉如

一等隱枝良出古 去如隱處毛冬乎丁

阿也 彌陀刹良逢乎吾 道修良待是古如

죽고 사는 길 예 있으매 저히고

나는 간다 말도 못다 하고 가는가

어느 가을 이른 바람에 이에 저에

떨어질 잎다이 한가지에 나고 가는 곳 모르누나

아으 미타찰(彌陀刹)에서 만날 내 도닦아 기다리리다.

봄풀과 국어 수업시간

봄풀이 아련히 연둣빛으로 움터오는 봄날의 들판을 바라보면 정지상의 '送人(송인) 그대를 보내며'를 배우던 국어 시간이 생각납니다. 한 구절 한 구절 설명하시며 대동강 강가로 우리를 데려가시던 국어 선생님의 목소리가 들리는 듯합니다.

그 교실의 창문, 교탁, 칠판과 분필, 복도의 고요함, 교실 나무 바닥의 나무가 주던 향기, 그리고 친구들의 모습들이 어제인 듯 아련하게 떠오릅니다.

送人(송인) 그대를 보내며

鄭知常(정지상)

雨歇長堤草色多(우헐장제초색다)

送君南浦動悲歌(송군남포동비가)

大同江水何時盡(대동강수하시진)

別淚年年添綠波(별루년년첨록파)

비 그친 긴 둑에 풀빛 짙은데
그대 보내는 남포에 슬픈 노래 일렁이네
대동강 물은 언제 마를까
이별의 눈물을 해마다 푸른 물결에 보태네

봄마다 논둑과 밭둑 그리고 둥근 언덕에 연둣빛 풀빛이 점점 짙어 올 때마다 이 시를 생각하게 되고 시간을 되짚어 보며 거쳐 왔던 어린 순간을 다시 찾아가는 행복한 마음에 젖습니다.

해마다 파릇하게 돋아나는 무수한 풀들이 만들어내는 생명력 넘치는 들판을 보면 봄비 내리던 어느 봄날, 그때 그 선생님의 수업 시간이 또다시 생생하게 되살아나고 그분의 안녕과 다하지 못했던 감사의 표현을 드리고 싶어집니다. 우리를 상상의 대동강 강변으로 이끌어 가시며 대동강물에 이별의 눈물을 보태는 연인들을 마음속에 그려보도록 진행하시던 그때 그 수업 시간이 눈앞에 다가옵니다. 그때 선생님의 열정과 목소리와 삶의 이야기들이 또다시 그립습니다.

노란 원피스와 아가의 웃음

———

삼월에 태어난 아가에게 노란 원피스를 짜서 입혔습니다. 태양처럼 기쁨으로 다가온 아가에게 환한 옷을 만들어 입혔습니다. 건강하고 튼튼한 아이로 자라나 사회의 건강한 일원이 되어 기쁘게 살아가기를 희망하는 마음으로 한 올 한 올 손뜨개 한 옷을 입혀 본 어느 봄날이 생각납니다.

어제인 듯 마음의 창에 환하게 다가오는 중학 시절, 처음으로 손뜨개 하는 방법을 가르쳐주시던 가정 선생님의 옥구슬 같은 맑은 목소리도 떠올랐습니다. 그 교실에서 가정 선생님은 얼마나 손뜨개를 잘하시던지 참 부러웠던 마음이 가득했던 수업 시간이었지요. 손놀림도 재바르고 무늬도 마음대로 멋지게 넣으시면서 익숙하게 빠른 속도로 착착 옷을 완성해 가시던 선생님의 모습이 정말 멋있었습니다.

다시 돌이켜 선생님께 고마움의 마음을 전해드립니다. 그 시절 가정 선생님의 마법 같았던 손뜨개 수업 덕분에 아가에게 세상에서 유일한 옷을 만들어 입힐 수 있었으니까요.

태양처럼 방긋방긋 웃던 아가의 모습과 노란 원피스를 입은 어린 공주님을 바라보던 나의 눈에도 태양이 빛나던 순간이 있었습니다. 그 황금처럼 빛나던 찰나의 순간이 삶이 진행되는 오랜 시간을 인내하며 지탱하게 해주는 거름이 되었음을 느낍니다.

세상에는 한 명의 가장 예쁜 아이가 존재하고
세상 모든 엄마들은 지금 그 아이를 키우고 있다.
- 중국속담 -

더덕 향기와 운달산 산행

———

산길을 걸으면 나무의 정령이 나와 함께 길을 걷는 듯한 느낌을 받습니다. 맑은 생명의 기운과 말없이 자신의 길을 묵묵히 가는 자의 의젓함을 나무들이 말하고 있는 듯합니다.

나무가 주는 향기와 그윽함과 초록이 주는 평안함을 좋아합니다. 차분히 한 걸음 한 걸음 옮길 때마다 느껴지는 흙과 자갈돌의 감촉과 길섶의 풀들이 바람에 흔들리는 모습과 자기의 빛깔대로 고유한 아름다움을 지닌 채 피어나는 야생화의 모습을 바라보는 것은 마음을 고요하게 만듭니다.

어느 해 봄날, 문경의 일터 가족들과 운달산을 오른 기억이 새롭습니다. 풀들의 이름을 몰라 풀들에게 좀 미안한 마음이 들던 산행이었지요. 이후 나무와 풀들의 이름을 알려고 노력합니다. 이름을 불러주면 그 풀들이 자기들의 이야기를 나에게 들려주는 느낌을 갖게 되거든요.

동료들 중 한 분이 풀들의 이름을 잘 알고 그 얼굴도 잘 알아보아서 산 더덕을 찾아 알려주었던 기억이 있습니다. 산속의 드맑은 공기 속에 느껴지던 더덕의 순결한 향기가 아직도 나는 듯합니다. 그때 그 자리에 함께 있었던 동료들의 두런거리던 이야기도 들리는 듯하고, 산을 오르며 함께 바라보던 나무와 구불구불한 자갈길도 다시 나에게 그들의 이야기를 들려주는 듯합니다.

더덕구이를 해서 향긋한 식탁을 마련할 때마다 나는 그때 그 시절 운달산을 향해 가던 길의 동료들과 그곳에서 만났던 더덕의 향기를 아직도 향긋하게 느끼고 있습니다.

박태기꽃과 나누었던 아버지 그리움

———

 내가 가장 좋아하는 달은 사월입니다. 이른 삼월의 봄은 아직 겨울의 자취가 남아있고, 오월은 너무 화사해서 가끔 어지러운 꽃 멀미의 계절로 다가오지만, 사월은 아직 미완성의 설렘과 기다림, 희망이 충만해 있기에 나는 사월을 해마다 마음 설레며 기다립니다.

 어느 해 사월, 부활절을 일주일 앞둔 날이었습니다. 일 년 반의 세월을 깊은 병에서 회복을 노력해오시던 아버지와의 작별과 귀천, 그 전날 밤은 천둥과 비가 요란했던 것으로 기억합니다. 다음 날 아침의 아버지는 고요한 모습이셨지요. 그때 느껴지던 사월의 향기, 훈풍이 공기 속에 살며시 스며있는 사월의 어느 맑고 투명한 날, 부활절 일주일 전이었답니다.

 며칠이 흐른 뒤 봄날의 훈기 속에 박태기나무에 진분홍 꽃 새싹이 나오더니 여기에 톡톡, 저기에 톡톡, 여기 저기 나와서 나무 전체가 진분홍으로 꽃물들이던 사월의 어느 날, 퇴근길에 자주 잠시 들르던 공갈못 휴게소. 휴게소 주차장에서 터트린 눈물과 함께 흐려지던 진분홍 박태기꽃들이 생각납니다.

아버지, 참 그립습니다. 감사합니다, 사랑의 열매들을 거두시느라 얼마나 수고 많으셨나요, 다시 깊은 감사의 마음을 땅에 엎드려 드높이 올립니다. 퇴근길이면 잠시 들러 십분 간 후련하게 울다가 기운을 회복하여 다시 가정이라는 일터로 눈물 싹 닦고 들어가던 나의 젊은 엄마 시절이 박태기꽃과 함께 떠오릅니다.

삼 년을 울고 다녔던 기억이 납니다. 조상님들이 삼년상을 왜 치렀는지, 왜 하필 삼 년이었는지 이해가 되던 시절이었지요. 삼 년이 지난 어느 날, 눈물보다 하늘을 바라보게 되었습니다. 어디에 있든지, 눈에 보이든지, 눈에 보이지 않든지, 인연이라는 하나의 그물로 연결되어 있음을 문득 느끼게 되었답니다. 눈에 보이는 것은 꽃과 잎사귀, 줄기이고, 보이지 않는 것은 뿌리임을 세월을 지나오며 점차 느끼게 되었습니다.

외갓집 가는 길과 아버지 구두 발자국 소리

———

어린 시절을 가만히 생각해 보면 나는 아버지와의 추억이 많습니다.

가족들의 관심과 사랑을 참 많이 받았지요. 아마 첫째 자식이기 때문이기도 했을 것입니다. 외가집 가는 길을 따라 기억을 되살려 보면 버스에서 내려 한참을 더 걸어서 들어가던 길 속에 젊은 아버지의 모습이 있습니다. 장인 장모를 뵈러 어린 딸의 손을 잡고 찾아가는 아버지, 깔끔하게 잘 차려입고 검은 구두를 신고 가시는 모습이었습니다. 나는 아버지의 다리에 매달려 종종걸음을 치며 뭐가 그리 신났는지 신나는 발걸음으로 아버지와 함께 외가집을 찾아가던 길이었습니다. 아마도 엄마는 동생을 낳으시고 산후조리를 하고 계셨던 듯합니다. 그 길을 따라 걸어가던 어린 시절은 마냥 신나고 행복했습니다.

이슬비가 살짝 내린 길, 빗방울 자욱이 그대로 흙길에 남아있던 모습, 봄비의 빗방울이 그리던 동그란 무늬, 물방울이 튄 자국까지 흙에 고이 남아있던 모습, 아버지의 구두 발자국 소리, 그 단조로운 소리가 음악처럼 나에게 다가왔지요. 나에게는 든든한 아버지가 계신다는 믿음이 함께 한 평화로움이 아직도 나를 미소 짓게 합니다.

　이후로 삶의 터전 이곳 저곳을 살아가면서 계절마다 만나는 봄비, 이슬비를 볼 때마다 아버지의 구두 발자국 소리와 그때 느껴지던 마음의 평화로움과 든든함과 아늑함이 함께합니다. 봄비와 관련된 노래도 좋아하게 되었습니다.

금잔화와 '사계'를 들으며

———

"빨간 꽃 노란 꽃 꽃밭 가득 피어도,
하얀 나비 꽃나비 담장 위에 날아도,
따스한 봄바람이 불고 또 불어도,
미싱은 잘도 도네 돌아가네 ……"

추운 겨울이 지나고 봄이 오는 기운을 느끼고 싶을 때마다 꽃집을 찾아갑니다. 금잔화 화분을 하나 사서 거실 햇살 속에 두고 꽃잎의 생김새와 초록 잎새, 줄기의 모습을 지그시 바라봅니다. 봄의 생명을 느끼고 싶어서 금잔화를 바라보는 시간을 가집니다. 금잔화를 만날 때마다 입에서 흥얼거리게 되는 노래가 있습니다.

화창한 봄날, 빨간 꽃 노란 꽃 가득 환하게 피어나는 봄날, 긴 시간을 미싱 앞에서 일하는 소녀들을 생각하게 만드는 '사계'라는 노래입니다. 노래를 들으면 상상할 수 있습니다. 따스한 봄바람이 불고 또 불어도 돌아가는 미싱 앞에 앉아 긴 시간을 일해야만 하는 노동의 현장, 노동의 대가로 어린 소녀들이 고향에 부치는 월급, 그들의 고된 노동시간과 눈꺼풀에 내려앉는 피로를 생각하게 되는 시간을 가집니다.

내가 입는 옷과 신발, 매일 먹는 식사의 재료들은 내가 알 수 없는 수많은 사람들의 노고로 나에게까지 오는 것이란 걸 생각합니다.

봄날, 금잔화의 주황빛 꽃을 볼 때마다 이 노래를 다시 들으며 사람을 소중히 여기는 세상, 산업사회의 부품이 아니라 참사람으로 함께 이 세상을 살아가는 아름다운 나라, 소중한 나라를 꽃피우는 노력을 나부터 삶 속에서 하나씩 하나씩 실천해 나가야 함을 생각합니다.

금잔화를 보며 다시 만들어나가는 봄날 희망의 소식입니다.

아버지께 바친
제비꽃 한 송이와 뻐꾸기 노래

———

엄마 꿈길에 가끔 오셔서 조용히 앉아계시다가 가신다는 아버지, 평소 과묵한 분이셨지만 엄마께 깊은 정이 많으셨다는 생각이 듭니다. 예전의 아버지도 지금 나의 나이 즈음이셨던 삶의 순간이 생각날 때가 있습니다.

그때의 아버지 모습을 생각하면 아버지는 크신 분, 먼 산, 침묵의 거대한 존재로 느껴지고 지금의 나는 아직 어린아이, 철없는 재롱둥이로 생각되는 순간이 있습니다.

가족이라는 인연으로 이 세상에 와서 오랜 세월을 함께 연결되어 지내고 다시 공기 속으로 자연으로 돌아가신 아버지. 인연이 순환되는 과정에서 그리움과 아쉬움과 못다 한 이야기들이 남아 있어 찾아간 아버지의 무덤에 한 송이 제비꽃을 바쳤습니다. 가느다란 줄기와 숙연한 보랏빛의 제비꽃을 아버지께 올려드렸습니다. 아, 바로 그때 나의 머리 위로 지나가는 익숙한 소리가 있었습니다.

"뻐꾹, 뻐꾹……?"

비둘기처럼 생긴 잿빛의 새가 날아가며 부르는 노래였습니다. 바로 처음으로 생생하게 눈앞에서 본 뻐꾸기였지요. 아버지께 드리는 감사의 노래처럼 뻐꾸기 노래가 울려 퍼지던 그 순간, 그 주변의 공기와 나무와 풀잎들이 살아 움직이는 듯했던 평화로움이 아직도 가슴에 남아 있습니다. 마치 아버지께서 환하게 웃으시며 반기는 목소리와도 같았습니다.

"왔느냐, 딸아. 나는 잘 있단다. 잘 지내거라."
"네, 아버지. 선하게 살라는 아버지의 목소리가 들리는 듯합니다."

봄날의 따사로운 공기 속에서 아버지와 나는 말없이 침묵의 대화를 나누고 있었습니다. 봄날 첫여름 인사로 뻐꾸기가 친구처럼 찾아와 노래를 불러주고, 복사꽃이 피고 질 무렵 여름이 간다고 또 뻐꾸기가 찾아와 노래를 불러주리라 생각합니다. 살랑거리는 봄바람에 두고 가신 자식들의 살아가는 목소리도 간간이 섞여 들려오겠지요.

같은 뿌리에서 나와 가족이라는 소중한 인연으로 이 세상을 살아가고 있는 우리 형제들, 잘 살다가 가겠습니다. 감사합니다, 아버지! 아버지의 땀방울과 힘줄과 검게 탄 얼굴빛과 간절하던 눈동자를 기억합니다.

푸른 보리밭과 봄바람

———

봄날이 되면 겨우내 단단했던 흙이 부드러워집니다. 바람도 훈훈하게 부드러워지고 국수나물과 이팝꽃 가지에도 아기 손톱같은 새싹이 저마다 다채로운 빛깔로 솟아납니다. 이 무렵이면 산책하는 길이 더욱 즐겁습니다. 여러 가지 풀잎들의 어린 모습을 바라보며 걷는 길이 참 즐거운 산책길이 됩니다. "너의 어린 모습은 이러했구나!" 감탄하는 마음으로 바라보게 됩니다.

한 걸음 한 걸음 옮기며 걸어가는 길에 발견하는 오솔길, 이끼 낀 계단, 나무 의자, 바위들, 그리고 멀리까지 뻗어있는 곡선의 산등성이 길은 고요하고 평온한 마음이 솟아나게 합니다.

십 대를 지나던 어느 봄날, 산책길에 발견한 초록빛 보리밭은 감격이었습니다. 그 넓은 밭이 새파란 보리로 온통 물결치고 있었어요. 겨울을 견뎌내고 봄바람에 머리숱이 많아져 나풀거리던 그 모습이 아직도 가슴속에 살아있습니다.

그 부드러운 밭고랑에 잠시 누워보았던 기억이 있습니

다. 따스한 봄 햇볕이 흙 위에 웃음 짓고 눈높이에는 보리의 초록 잎새가 부드러웠고 하늘이 온통 눈 위로 열려있어 봄 하늘이 마음속으로 가득 들어오고 초록 보리가 주는 평화로움에 오랜 시간 하늘을 바라보았던 그런 봄날이 있었습니다. '보리밭' 가곡을 흥얼거리며 추억의 보리밭 그날로 마음이 가 있습니다.

"보리밭 사잇길로 걸어가면
뉘 부르는 소리 있어
나를 멈춘다
옛 생각이 외로워
휘파람 불면
고운 노래 귓가에 들려 온다
돌아보면 아무도 보이지 않고
저녁놀 빈 하늘만 눈에 차누나"

라일락 꽃향기와 큰 보물단지

————

라일락 꽃향기는 나의 발걸음을 멈추게 합니다. 작은 꽃 망울들이 모여서 한 무리의 꽃송이를 이루어가는 모습이 서로 도우며 살아가라고 속삭이는 듯합니다. 혼자서는 큰 힘을 낼 수 없을 듯한 작고 귀여운 꽃송이들이 큰 무리를 이루어 서로를 응원하며 함께 바람에 꽃향기를 사방에 날리는 라일락을 보면 봄날을 이렇듯이 시작하라고 나에게 말해주는 듯합니다.

가장 좋아하는 꽃향기가 라일락이라고 자주 말을 했었나 봅니다. 어느 봄날 초등학교에 다니던 어린 딸이 엄마인 나에게 라일락 꽃송이를 전해주던 날이 있었지요. 학교에서 돌아오던 길, 길가에 피어 있던 라일락 한송이를 들고 와 나에게 전해주었답니다. 얼굴에 한가득 웃음을 지으며 작은 손으로 건네주던 보랏빛 라일락 한송이, 그것은 얼마나 커다란 선물이었는지 모릅니다. 잊지 않는다는 말, 기억한다는 말, 참 아름다운 말이라는 생각이 들었습니다.

매년 봄날, 라일락이 피는 계절이면 그날의 라일락 꽃향기와 연보랏빛 작은 꽃송이들과 고사리같은 작은 손으로 꽃송이를 내밀던 어린 소녀 큰 보물단지의 웃는 얼굴이 향기를 날리며 다가옵니다.

세월이 흘러 소녀가 되고 숙녀가 된 큰 보물단지는 이제 해마다 봄이면 라일락 사진을 찍어 보내줍니다. 사진 속에서도 라일락의 향기와 봄바람과 무리 지어 속삭이는 꽃들의 언어가 들리는 듯합니다.

기억이 아름답습니다. 기억은 힘도 셉니다. 해마다 연보랏빛 라일락 사진을 보내오는 큰 보물단지의 셔터 누르는 소리가 들리는 듯합니다.

삶의 여정에서 비 오는 날과 흐린 날과 맑은 날들 속에서 건져 올릴 수 있는 꽃처럼 향기로운 기억을 찾아 간직하며 긴 나그네길을 완성하며 가고 싶어집니다.

소나무 오솔길과 햇고사리순

일터의 벗들과 점심시간에 산책을 자주 나섭니다. 봄볕이 완연한 다사로운 날에는 새풀들이 돋아나느라 분주해진 오솔길을 걷습니다.

작은 모습으로 깨어나는 풀잎, 아가들 손톱만큼의 크기로 살며시 돋아나 하루가 다르게 쑥쑥 크며 모양이 달라지는 풀잎을 보는 것도 큰 기쁨 중의 하나입니다. 풀잎마다 얼굴 모습이 다 다릅니다. 세상 만물이 모두 개성적이며 다양한 아름다움을 지니고 있음을 봄날에 더욱 느낄 수 있습니다. 땅바닥에 쫙 깔리며 덩굴을 뻗어나가는 찔레순, 뾰족 뾰족 한 잎씩 올라오는 질경이, 동그란 세 잎이 접혀진 채로 올라오는 무당벌레의 등처럼 생긴 토끼풀 어린 새싹, 솜털을 달고 쏘옥 올라오는 쑥들, 연두색 꽃모양으로 포기를 이루며 올라오는 개망초풀, 여러 봄 손님들을 만날 수 있는 즐거운 산책길입니다.

어느 산책길에 소나무 밑둥치 옆에서 동그랗게 말려 올라오는 고사리 햇순을 보았습니다. 오랜만에 생생하게 보는 고사리순이어서 유난히 반가웠습니다. 처음 보았던 때는 아마 여덟 살 무렵이었으리라 생각합니다. 엄마께서 어린 나에게 "이것이 고사리라는 거란다."라고 일러주셨고 나는 채반에 누워있는 솜털 보송보송한 고사리를 신기하게 바라보았던 기억이 나거든요.

고사리나물은 우리 나라 명절의 삼색나물로 자주 상에 오르는 나물인데, 특히 엄마께서 좋아하시는 나물이어서 더 눈길이 갔지요. 이곳에서 새순을 보다니요, 산책길에 덤으로 만나는 기쁨입니다. 엄마 생각을 다시 한번 떠올려 볼 수 있었고 고사리순도 몇 가지 따서 그날 저녁 된장찌개를 마련했답니다.

그 길에는 오래된 소나무들이 멋스러운 풍모를 자랑하며 서 있습니다. 키 큰 소나무 그늘을 따라 둘레길을 걸으면 은은한 솔 향기를 맡을 수 있습니다. 머리가 맑아지고 마음이 솔 향기에 젖는 듯합니다. 더불어 봄날의 충만한 생명의 기운에 힘입어 나도 지난해보다 더 가치 있는 삶, 더 넓은 삶의 의지를 키우며 새롭게 시작하고자 마음을 정돈합니다.

서출지 둘레길과 거북이

———

경주의 남산자락에 자리하고 있는 서출지는 삼사 십분 정도 산책하기에 적당하여 점심시간에 자주 걸어보는 곳입니다. '국가를 이롭게 한 글이 나왔다.'라는 설화를 품고 있는 서출지는 옛 신라의 성스러운 땅으로 보호를 받았으리라 생각하며 산책길에 나섭니다.

그 둘레길을 현대의 우리들이 두런 두런 이야기 나누며 걷습니다. 오랜 세월을 지탱하고 있는 회화나무가 멋진 분위기를 자아내고 있는 서출지에는 조선 시대에 지어졌다는 '이요당' 정자가 있습니다. 인자요산(仁者樂山), 지자요수(知者樂水), 둘 다 좋아한다는 뜻을 지니고 있는 정자입니다. 연못 가장자리에 있는 고풍스런 '이요당' 정자를 바라보며, 연못의 연꽃들과 물풀들, 그 안에 깃들여 사는 거북이와 개구리들을 보며 산책을 합니다.

먼 옛날의 이야기와 현재의 지금 이 순간이 따로 떨어져 있지 않음을 느끼는 순간입니다. 신라와 고려 시대를 거쳐 조선 시대를 지나 현대를 살아가는 우리에게까지 전해지는

옛이야기들은 우리의 먼 선조들과 후손들인 우리가 하나의
뿌리로 연결되어 있음을 정직하게 느끼도록 합니다.

어느 봄날, 그 연못 서출지에 살고 있던 거북이가 동네 골
목길까지 올라와 천천히 기어가고 있었습니다. 동네 할머니
한 분이 안쓰러워하시며 연못에 도로 넣어주려고 하셨으나
잘되지 않았던가 봅니다. 산책하는 우리들에게 도움을 요청
하시더군요. "얘들이 봄이면 가끔 땅으로 올라 와 알을 낳으
려고 그러는가 봐."하셨습니다. 혹시 지나가는 차에 치일까
염려되어 도로 연못으로 넣어 주었습니다.

옛 이야기와 현대의 우리 삶의 이야기가 공존하고 있음을
느낍니다. 특히 역사적 유래가 깊은 유적지를 현대를 살고
있는 오늘날의 내가 걸어가며 먼 옛날을 생각하는 시간에는
더욱 그러합니다. 여기 이 땅에 발을 딛고 사는 우리들이 바
르고 소중하고 보람된 이야기들을 엮어나가는 책무도 함께
생각하는 서출지 산책 시간입니다.

헌강왕릉 가는 길과 진달래

———

경주의 동남산 자락에서 웅장하고 멋있는 소나무 둘레길을 걸어 헌강왕릉을 가는 길이었습니다. 새화랑의 얼을 교육하는 현장체험학습 프로그램이었지요. 소나무 향이 은은한 둘레길을 걸어 옛 신라의 향기가 배어 있는 헌강왕릉을 찾아갔습니다.

산길은 아직 이른 봄이라 풀들이 돋아나지 않았고 생명은 뿌리에서 힘을 모으고 있는 계절이었습니다. 거의 무채색의 검은 빛으로 가득한 산길은 고요했습니다. 소나무의 청아한 향을 만나며 구불구불 완만한 언덕길을 걸어가는 길목에 분홍꽃등처럼 군데군데 피어 있는 첫봄의 진달래 모습을 만났습니다. 생명의 환희가 이런 감정이구나 느끼며 반가운 마음으로 분홍 꽃잎을 바라보았습니다.

연약하지만 강력한 의미를 전달하는 한 장의 꽃잎, 봄이 왔음을 온몸으로 전하며 희망을 가지라고 또 다시 봄은 온다고 이야기하는 듯했지요.

주변이 고요해도 아직 땅 속에서 자신의 생명을 간직하며 표현할 시간을 조용히 기다리는 지혜를 풀잎들과 나무와 꽃들은 알고 있는 듯합니다. 눈을 낮추고 세심한 마음으로 살펴보면 그들의 음성이 들리는 듯합니다.

자연의 일부로 함께 살아가는 나날들이 참 의미 깊어지는 순간입니다. 분홍빛 진달래를 만난 헌강왕릉 가는 길에서 또 새로운 희망의 봄을 만났습니다.

꽃잔디 분홍 물결과 친구에게 쓴 편지

———

다섯 장의 꽃잎이 통꽃으로 피어 화사한 이야기를 봄바람에 속삭이고 있던 모습을 어느 고요한 일요일 산책길에 만나 보았습니다.

소복소복 모여 있는 꽃잔디 분홍 꽃잎들을 따서 두꺼운 사전에 조심스럽게 펴서 넣었습니다. 얇은 꽃잎들은 납작하게 예쁜 모습으로 잘 말랐습니다. 봄날의 추억이 꽃잎 속에 스며있는 듯했지요. 마음이 부자가 된 듯 풍요로움으로 가득 차던 순간이었습니다.

그 일요일의 고요함과 산책길에 우연히 만난 분홍 꽃 사태와 볼을 스치던 부드럽던 봄바람과 흙의 부드러움과 알 수 없는 미래에 대한 동경과 열일곱의 꿈과 불확실한 미래에 대한 동경이 그 분홍 꽃잔디의 말린 꽃 속에 스며있었습니다.

다른 도시에서 학교생활을 하는 그리운 중학교 시절의 친구에게 손편지를 쓰고 편지의 빈 공간에 꽃잎을 풀로 붙여 채워 넣으며 마음을 전하던 순간이 있었습니다.

소녀 시절의 마음을 전하던 꽃잔디의 모습을 사십여 년의 세월이 흐른 지금에 다시 만나니 옛날이 어제인 듯 다가옵니다. 시민공원에 잘 가꾸어져 있는 꽃잔디와 봄날의 따뜻한 햇살과 부드러워진 바람과 새싹들의 연둣빛 함성을 만나는 산책길에는 친구의 얼굴과 목소리와 미소와 함께 손편지를 쓰던 그 시절이 따스하게 되살아납니다.

열일곱 살 무렵의 어느 따사로운 늦봄, 사월 봄날, 구름처럼 피어 있던 분홍빛 꽃물결을 만났습니다. 햇살은 봄이 깊어 무르익었고 간혹 불어오는 산들바람이 참 고마운 날이었지요. 붉은 벽돌로 지어진 성당의 한 모퉁이에 분홍빛 꽃망울들이 꽃 사태를 이루며 소복소복 복스럽게 피어 있는 것을 보았습니다. 분홍색이 주는 편안함과 따스함이 꽃물결 속에서 출렁이고 있었습니다. 처음으로 만나는 꽃잔디였습니다.

한참을 분홍 꽃 무리에 마음을 두고 쪼그리고 앉아 바라보았습니다. 다섯 개의 꽃잎이 통꽃의 모양으로 피어 있었는데 작은 꽃잎 한 장 한 장이 모여 큰 무리를 이루며 노래를 부르는 듯했습니다. 바람에 살랑살랑 흔들리는 모습이 봄날 일요일 오후를 더욱 화사하게 만들며 고요한 평화로움을 선물하고 있었습니다.

두툼한 사전을 가져와서 꽃잎을 한 장 한 장씩 끼워 넣고 말리기로 하였습니다. 꽃잎을 한 잎씩 따서 접혀지지 않도록 신경쓰면서 사전에 넣었지요. 꽃잎을 열 장이나 스무 장

정도로 한 페이지에 넣었답니다. 작은 꽃잎들이 서로서로 한 곳에 모여 처음에는 보랏빛으로 색이 변하면서 차츰차츰 연보랏빛으로 변화하고 그 후 분홍빛으로 변해가며 사전의 종이처럼 얇은 모습으로 변화하는 과정을 지켜보았습니다.

중학교를 함께 다니다가 고등학교에 진학하면서 멀리 떨어진 친구들에게 손편지를 썼습니다. 편지지와 편지 봉투에 글을 써서 보내던 일들이 자연스럽던 시절이었지요. 손으로 쓴 편지 속에 있었을 어린 소녀들의 이야기가 무엇이었는지 지금은 기억나지 않으나 손편지가 주는 정다움과 지금 생각해도 마음속 어디에선가 흐뭇한 감정이 떠올라 옵니다.

손편지를 다 쓰고 난 다음에는 편지의 여백에 말린 꽃잔디를 적절히 예쁘게 배치하고 풀로 붙여 꾸몄답니다. 나의 편지를 받아 보는 친구의 기쁜 마음을 상상하면서 말이지요. 봄날의 분홍 꽃물결과 훈훈한 오월의 봄바람과 일요일 오후의 고요한 평화로움이 친구에게 전해지기를 바라는 마음이었습니다.

지금은 흔하게 꽃잔디가 정원의 바위틈에도 소복소복하게 피어있고 가장자리에도 곱게 얼굴을 보여주고 있습니다. 해마다 봄이면 만나는 꽃분홍 꽃잔디의 물결은 긴 세월을 바로 어제인 듯 데리고 오는 놀라운 힘이 있습니다. 그럴 때마다 꽃편지를 쓰던 옛날로 돌아가 고요한 추억에 잠기기도 합니다.

훈훈한 봄바람과 더불어 생각하는 춘풍추상!

———

　겨울의 날카롭고 사나운 북풍한설의 계절이 지나고 어느 순간 바람결에 훈훈한 기운이 스며드는 순간이 있습니다. 그 짧은 순간을 느끼는 어느 이른 봄날이면 "고난이 강력하게 끊임없이 다가오고 끝없이 진행될 듯하여 마음이 추워지는 무채색의 계절이 지나가는구나!" 하는 안도의 느낌과 "모든 것은 지나간다."라는 말이 되새겨지는 순간이 있습니다.

　'춘풍추상(春風秋霜)', 남에게는 봄바람처럼 부드럽고 훈훈하게 대하고, 자신에게는 가을날의 서리처럼 단호하게 대하는 자세로 자신의 내면을 돌아보는 자세를 말해주던 선조들의 목소리가 되살아나기도 하는 시간입니다.

　또한 봄바람과 더불어 생각하는 말이 있습니다. 남의 잘못은 모래 위에 새기고, 나의 잘못은 바위에 새긴다는 어느 현인의 말을 들었을 때 불에 덴 듯한 느낌이 생각납니다. 이렇게 삶의 길을 제시하는 현인도 있다는 생각에 사람의 마음속 세상의 빛이 보이는 느낌이었습니다.

    신념이 행동으로 구체적으로 살아날 때 그 신념과 언어는 비로소 힘을 발휘하는 강력한 매력이 있고 별을 지향하는 많은 사람들과 동지애를 느낄 수 있는 것 아닐까 생각해 봅니다. 스스로에게 다짐하고 또 다짐하며 돌에 새기는 마음을 상상합니다.

    바람이 불면 자취도 없이 사라지는 모래 위의 글씨, 그러나 바위에 새긴 글씨와 약속은 수 천년 역사의 세월을 뛰어넘어 자취를 남기고 있습니다. 바위에 새긴 글씨를 우리나라 산천 이곳저곳에서 많이 만날 수 있고 가까이에는 지금 생활의 터전인 경주에서 수시로 남산을 오르며 자주 만나게 됩니다.

    돌에 새긴 무늬와 간절한 염원의 말을 보며 옛사람들의 흔적과 소망들이 이렇게 오랜 시간이 지난 지금에도 생생하게 살아 나와 나의 눈으로 볼 수 있다는 사실에 현인들의 말이 큰 울림으로 다가옴을 생각합니다.

    추운 겨울 지난 어느 이른 봄, 훈훈한 봄바람 한 가닥에 생각해보는 '춘풍추상(春風秋霜)'입니다.

쑥버무리와 냉이된장국

───────

　봄날의 둔덕에서 쑥쑥 잘도 올라오는 쑥은 솜털같은 보송보송한 얼굴로 차가운 봄바람에 자신을 보호하며 새봄을 알려줍니다. 양지바른 언덕에 조용히 무리를 이루어 올라오는 쑥의 모습은 "아, 드디어 봄이구나! 봄이 왔어요!!"하고 세상에 외치고 싶은 마음이 불쑥 들게 합니다.

　아직 봄바람이 차가운 날, 양지바른 곳 어디든지 낯가림 없이 자신의 생명력을 발휘하는 쑥은 우리나라 어느 곳에서든지 볼 수 있는 민족의 풀 같습니다. 우리 조상들의 춘궁기의 배고픔을 가장 먼저 달래주었다던 봄날의 생명의 풀, 쑥.

　조선 후기 풍속 화가인 공재 윤두서의 '채애도' 그림을 보면 우리와 그다지 멀지 않은 시대인 조선의 우리 옛 조상들의 삶 속에서도 친숙하게 자리를 매김하고 있는 쑥의 존재를 느낄 수 있습니다. 쑥이 더 친근해지는 마음을 느낍니다. 먼 옛날과 지금이 이어져 있음이 어찌나 마음을 놓이게 하던지요.

　어린 시절, 사촌들과 함께 주말이면 쑥과 냉이를 캐러 상주의 북천 천방둑에 자주 나갔습니다. 햇살은 따사롭고 바람은 훈훈하여 쑥 캐는 재미에 시간 가는 줄 몰랐던 그런 시절이 있었습니다. 아마 초등학교 오, 육학년 시절이었던 것으로 생각됩니다. 손에 느껴지던 쑥의 보드라운 솜털의 감촉과 냉이의 향긋한 향과 길게 뻗은 뿌리와 그 옆의 잔뿌리들, 모두 기억이 새로워집니다. 대나무 바구니에 쑥과 냉이를 캐서 담고 바구니가 차오를 때마다 마음도 따라서 풍성해지던 감정을 기억합니다.

어른이 된 지금도 봄날이면 어린 시절의 나로 돌아갑니다. 쑥을 캐던 어린 시절의 그 봄날을 상상하며 지금 이곳에 자라나는 어린 쑥을 캐와서 된장찌개에 넣기도 하고 쑥버무리를 만들어 쑥 향을 즐기기도 합니다. 전을 좋아하는 나는 쑥 전을 부쳐서 봄 향기를 만나기도 합니다. 온 가족이 식탁에 둘러앉아 봄이 왔음을 이야기하며 쑥버무리를 먹는 시간을 가집니다. 쑥을 캐면서 함께 만날 수 있는 냉이도 캡니다. 향긋한 흙냄새와 냉이 뿌리에서 나는 향내를 맡으면 참 기분이 좋습니다. 실뿌리의 흙을 털어내고, 꽃잎처럼 펼쳐진 냉이 잎사귀의 흙을 털고 바구니에 담습니다.

추운 겨울을 지나고 해마다 봄날이면 진행하는 봄동산에 봄나물 캐기는 우리집의 연례 봄맞이 행사가 되어갑니다.

봄나물을 캐며 봄의 생명의 기운을 받아 봄처럼 생기있게 따사로운 세상을 만들고 싶다는 생각을 가집니다. 낮은 모습으로 이 땅에 새봄의 향기를 전하며 나오는 봄나물의 새싹들이 따스하게 살아보자고 일제히 일어나 속삭이는 봄의 이야기에 귀를 기울여 봅니다.

모란꽃 화단 옆에서

———

일터에서 점심시간이면 한참을 걸어서 점심을 먹으러 갑니다. 봄날의 영산홍이 화사한 주홍빛과 분홍빛의 꽃들을 피우는 화단을 지나고 피라칸사스가 초록의 울타리를 정갈하게 이루고 있는 곳을 지나서 돌계단을 조금 숨가쁘게 오르면 일터직원들과 점심을 먹는 식당이 나옵니다.

어린 아기의 볼처럼 말랑말랑한 느낌의 봄 하늘과 부드러운 봄바람에 머리칼이 흩날리는 것을 상큼하게 느끼며 한 발걸음씩 계단을 오릅니다.

어느 늦은 봄날 붉은 자줏빛 꽃망울이 맺히는 커다란 꽃나무를 보았습니다. 계단을 반쯤 올라가 잠시 숨을 고르며 한걸음 늦추어 가던 길, 처음으로 나의 눈에 들어 온 새로운 꽃나무였어요. 꽃봉오리들이 많이 맺혀서 풍요롭게 보였던 아주 가까이서 본 커다란 꽃이었지요.

봄의 햇살이 다사롭고 봄바람이 훈훈하여 꽃망울들은 금방 하루하루 커다란 꽃송이들로 피어났습니다. 그 풍성한 꽃송이들과 노란 꽃 수술들, 꽃잎은 또 얼마나 크고 넉넉하게 보이던지요.

꽃송이들의 기운이 나에게도 닿아 나의 기분도 덩달아 풍성하고 너그러워지는 듯했답니다. 목단꽃을 처음으로 가까이 만나고 꽃잎을 만져보고 잎새의 모양을 자세히 바라보며 그 옆에서 한참을 거니는 시간을 가졌습니다. 우아함과 풍성함, 여유로움과 고귀한 평화로움을 보여주는 꽃의 이미지였어요.

자연은 늘 그곳에 존재하고 있었는데 나의 시선이 곳곳에 닿지 못했음을 느낍니다. 계절마다 감수성을 풍요롭게 다듬으며 자연의 향기를 새롭게 만나고 그들이 전하고 있는 메시지를 잘 알아듣고 느끼며 살아갈 수 있는 자연인이 되고 싶어집니다. 목단꽃의 풍성한 자태와 고요한 꽃잎과 큰 무더기의 꽃나무들이 전하는 봄날의 의미를 더불어 생각해 봅니다.

하늘 향해 손을 뻗는
메타세쿼이아 나무 둘레길

———

우람한 나무둥치가 우뚝 하늘 향해 서 있고 가느다란 가지들을 햇살 향해 펼쳐 나가며 우람한 나무의 몸통과는 달리 귀여운 나뭇잎을 한들거리며 봄날에 움이 트는 메타세쿼이아 나무. 그 나무 둘레길을 걸으면 내 마음도 귀엽게 살랑거리는 나뭇잎이 됩니다. 연약한 나뭇잎을 보며 봄바람이 깨우는 나무의 보드라움을 느끼며 주위의 사람에게 봄바람처럼 부드럽게 대하라는 나무가 들려주는 이야기를 듣습니다.

나무 밑둥치에서 가느다란 가지로 뻗어 나와 새의 깃털같은 모양으로 부드럽게 한들거리는 메타세쿼이아 새싹을 만져보았습니다. 얼마나 보드랍던지요. 연둣빛이 점차 초록으로 짙어져가는 모습을 보며 손으로 그 촉감을 느껴보고 자세히 들여다 보았습니다.

남을 대할 때는 봄바람처럼 부드럽고 자상하게 대하고 자신의 내면은 가을의 서리처럼 엄하고 단호하게 다스리라는 말을 생각하게 됩니다. 일상에서 자주 반대로 행동했던 나를 돌아봅니다. 나에게는 한없이 따스하게 배려하고 자신의 이유를 합리화시키고 합당한 논리를 찾아내려 노력하고 남에게는 한치의 여유도 없이 정확하게 잣대를 들이댔던 모습이 생각납니다.

새로운 봄날, 묵은 나의 내면을 정갈하게 다시 정리하고 새롭게 나아가라고 메타세쿼이아 나무는 말해주는 듯합니다.

- 나 자신의 내부를 보다 더 엄하게 다스릴 것.

- 주변 사람들에게 보다 더 부드럽고 친절하게 대할 것.

- 나의 마음을 분노로 뒤엉키게 만드는 사람을 만나면 '저 사람이 나의 엄마다.' 생각하고 미소부터 지을 것.

- 나와 맞지 않는 사람의 말일지라도 경청할 것.

- 그에게 필요한 사랑이 무엇인지 찾아서 조용히 드러내지 않고 실천해 줄 것.

- 나 자신의 뿌리와 기본을 탄탄하게 만드는 노력을 지속적으로 해 나갈 것.

- 항상 새로운 희망을 품고 변화를 추구하며 무엇이든 배우려는 자세를 유지할 것.

- 매일 운동할 것.

- 매일 글쓰기 할 것.

- 매일 친정엄마께 전화할 것.

- 매일 십분 이상 책을 읽을 것.

- 매일 가족에게 문자로 안부 전할 것.

- 매일 한가지씩 남에게 친절한 행위를 베풀 것.

- 선한 영향력을 끼치며 사회를 이롭게 할 일에 늘 관심갖
  고 실천할 것.

메타세쿼이아의 시원스럽게 뻗어나간 줄기를 보며 나 자
신을 정돈해 봅니다. 나무가 고요히 나에게 속삭여주는 말
이 들리는 듯합니다. 자주 시간을 내어 나무 밑 둘레길을 걷
습니다. 때로는 나 혼자, 때로는 벗들과 걸으며 나무가 주는
침묵의 대화에 귀를 기울입니다.

상추 모종과 베란다의 햇빛

———

봄날의 장날에는 갖가지 채소 모종들이 나옵니다. 상추와 가지, 오이, 토마토, 고추, 파, 케일 등의 어린 모종들이 앙증맞은 모습으로 시장판에 나와 밭을 일구는 손길들을 불러 모읍니다. 조그만 텃밭을 취미로 가꾸거나, 넓은 밭을 경영하는 농부님들도 모종을 바라봅니다.

나도 어느 날 상추 모종을 가꾸고 싶어서 다섯 포기를 사왔습니다. 아파트에서 주로 생활하는 일상이기에 거실 베란다 쪽 햇빛이 가장 잘 들어오는 곳을 텃밭으로 삼았지요.

처음 떨리는 마음으로 정성껏 상추 모종을 심었습니다. 오고 가며 매 순간 들여다보고 자라는 모습을 지켜보고 물을 주고 햇빛을 잘 받을 수 있게 자리를 옮겨주고 정성을 기울였습니다. 잎사귀가 점점 넓어지고 줄기가 길어지며 자라나는 모습을 보니 참 신기했지요. 상추의 모습을 점점 갖추어 나가는 과정을 지켜보는 것이 큰 기쁨이었답니다. 햇빛과 바람과 공기의 자연이 길러내는 생명의 힘이 참으로 거대하고 놀라움을 생생하게 느껴볼 수 있는 경험이었습니다.

작은 씨앗에서 시작하여 자연의 햇빛과 공기와 물을 받아들이며 거대하게 성장하는 것을 보니, 아무리 작고 하찮은 출발이라도 귀하게 여겨야겠다는 생각을 상추를 키우며 배웁니다.

친정어머니와 형제들이 경주의 보금자리를 찾아온 2017년의 어느 봄날, 그동안 키워 온 상추를 따서 식탁에 올리고 함께 즐거운 밥상을 나누었습니다. 엄마의 웃음과 형제들의 미소와 상큼한 상추의 향기가 함께 있었습니다. 상추를 키우며 느낀 감사하는 마음에 흠뻑 젖어 지낸 봄날의 선물이었습니다.

매실청 만들던 늦봄, 매화나무 아래에서

―――

어느 봄날, 점심을 먹고 교정을 걷는데 어디선가 향기가 바람에 산뜻하게 실려 왔습니다. 고개를 두리번거리며 어디에서 그 향기가 풍기는 것인지 찾아보았지요. 교정의 한 옆에서 조그만 매화나무가 작은 꽃을 달고 향기를 사방에 날리고 있었습니다. 반가워 꽃나무 옆에서 한참을 보냈습니다. 너였구나, 조그마한 하얀 꽃잎을 온몸에 달고 봄 향기를 바람에 날리고 있는 존재가.

봄바람에 꽃잎은 가벼이 날리고 바닥에 하얗게 쌓이며 봄날은 깊어갔습니다. 잠시 잊고 있었습니다. 그러던 어느 날 매실이 송이송이 탐스럽게 매화나무에 열리기 시작하였습니다. 동그란 초록색 열매는 얼마나 귀엽고 예쁘던지요. 매화나무 가지로 난 길로 개미도 부지런히 오고 가며 자신의 일을 열심히 하는 모습이 보였습니다.

어느 늦은 봄날 무명천으로 만든 에코백을 가지고 가 매실을 하나씩 따 모았습니다. 가방 가득 매실을 따서 담아 왔지요. 맑은 물에 깨끗이 씻어 물이 빠지게 하고 설탕에 버무

려 매실청을 담았습니다. 매실청을 담그는 방법을 엄마께
배워두었거든요.

소녀들과 함께하는 시간들이 많았습니다. 긴 학업의 시간
틈새로 살짝 짬을 내어 매실청 맛을 보는 시간을 만들어 보
았지요.

"매실차 좋아하는 사람, 나오세요. 내가 직접 담은 매실청
을 나누어 주겠어요."

소녀들은 자신의 텀블러와 컵을 들고나와 줄을 섰습니다.
모두들 환한 얼굴에 미소를 방긋 방긋 지으며 즐거워하는
표정이었습니다.

"저는 매실차를 참 좋아해요. 직접 담그셨어요? 우와, 맛
있어요. 감사합니다."

함께 생활하는 아이들의 마음에 상큼한 매실맛이 스며들
었으리라 생각하니 기쁩니다. 매화나무가 선물해 준 봄날의
고마운 추억입니다.

봄나물과 달래장을 만드는 저녁 시간

———

봄날 시장에 가면 기분이 상큼해집니다. 어릴 적 엄마를 따라 시장에 가곤 했던 신나는 기억이 함께 떠오릅니다. 그냥 기분이 좋아집니다.

어느 일요일 오후, 봄나물들이 나왔으려나 하는 생각에 기대에 차서 시장바구니를 챙기고 사고 싶은 물건들의 목록을 적은 쪽지를 가지고 나섰습니다.

봄바람은 벌써 연둣빛 새싹들을 키워내고 연초록의 연한 봄나물들을 쏟아내고 있었습니다. 원추리나물과 취나물, 이름도 잘 모르는 갖가지 봄나물들을 섞어서 한 바구니에 오천원이라며 시장 길가의 난전에서 할머니들이 손님들을 부르고 있었습니다. 한 바구니를 사 오는 발걸음은 어릴 때처럼 신이 났습니다. 냄비에 물을 끓이고 소금을 조금 넣고 초록색이 선명하도록 나물을 데쳐내었습니다. 찬물이 맑아질 때까지 깨끗하게 헹궈내며 봄나물을 준비했지요. 참기름과 깨소금, 설탕 조금, 간장 조금으로 풍미를 더하고 소금으로 간을 맞추어 봄날 저녁 식탁을 마련하였습니다.

몇 년을 "올해 봄에는 달래장에 비빔밥을 해 먹어야지." 라고 생각만 하다가 잠시 스쳐 지나갔는데 이번에 돌아온 봄에는 콩나물밥을 지어 달래장을 만들어 꼭 비벼 먹고 싶다는 이야기를 나눈 적 있습니다. 달래장을 맛깔나게 만들어 봄 햇살에 비벼 먹고 싶었지요.

　기적같이 오는 봄을 마음껏 느끼고 밥때에 먹어 보고 따스하게 누리고 싶은 작은 소망이었습니다. 가족과 함께 봄나물이 곁들인 식탁에서 고소한 콩나물밥을 지어 달래장의 쌉싸름하고 향긋한 봄을 비벼 먹으며 겨울지나 선물처럼 찾아온 봄날 저녁의 기쁨을 누렸습니다.

　자연의 선물에 깊이 감사하는 마음으로 잘 먹고 건강하게 생활하고 사회에 선한 영향을 만들며 봄처럼 살아보겠다고 다짐하는 봄밤이었습니다.

진달래 화전 나누던 일터의 아침

———

어릴 적 중학교 시절, 봄날이면 화전을 만들어 먹는다는 이야기를 수업 시간에 들었던 듯합니다. 화전을 만들어 나누어 먹으며 봄날의 생명을 예찬하고 가족과 이웃과 친구들과 생명의 기운을 나누는 것이구나 생각했지요.

그러나 실제로 해 보지는 못한 긴 세월이 아쉽게 지나갔습니다. 봄날이면 화전을 만들어 나누고 싶다는 생각만을 오랫동안 마음에 간직하고 있었지요.

그러던 어느 해 봄날이었습니다. 산책하는 길옆에 가득 피어 있는 진달래 분홍꽃을 보았습니다. 눈높이에서 쉽게 만날 수 있는 꽃송이들이었답니다. 아, 이렇게 예기치 않게 기회가 오다니, 행복했지요. 오랜 시간 마음속에만 그리고 있던 화전 만드는 좋은 기회가 눈앞에 가까이 있는 것이었습니다. 드디어 나도 화전을 한번 만들어 봐야겠구나 결심을 했지요.

깨끗한 소나무 아래에서 환하게 피어 있는 연분홍 진달래 꽃잎을 따서 모았습니다. 가느다란 갈색 가지 끝에 초록색

잎도 없이 꽃송이만 환하게 피어난 진달래꽃을 한 잎 두 잎 모았지요. 꽃잎이 어찌나 많던지 따보기 전에는 몰랐습니다. 얇은 꽃잎의 여러 꽃송이들이 한 가지에 모여서 소복이 피어 있었습니다. 꽃송이들을 다듬고 물에 깨끗이 헹구어내고 화전을 만들어 저녁 식탁에 올렸습니다. 봄을 먹는 기분이었습니다. 또 한 해를 분홍빛으로 시작하고 싶다는 소망과 가족의 얼굴에 피어나던 미소가 선물 같았던 시간이었지요.

다음날 아침, 같은 일터의 식구들과 나누어 먹으려 한 접시 가득 담아 가져갔습니다. 한 동료가 말했습니다.

"와, 화전은 처음 먹어 보네. 옛날에는 임금님만이 드시던 귀한 음식 아니었나!"

동료들이 즐거워하며 꽃송이 얼굴이 그대로 남아 있던 화전을 꿀에 찍어 먹는 시간을 가졌습니다. 모두 행복한 얼굴이었습니다. 작은 행복들이 모여 커다란 행복으로 나아갈 수 있는 것 같았습니다.

진달래 화전을 처음 동료들과 나누던 그 시간을 생각하면 아직도 진달래 연분홍 꽃잎의 감촉이 손에 전해지고 깨끗한 아침햇살에 비친 맑은 연분홍 꽃잎들의 모습이 그대로 전해지던 싱그러운 봄날의 추억이 생생하게 되살아납니다.

냉이가 올라오는 언덕과 노랑진박새

———

이른 봄이 오는 나지막한 언덕배기에는 겨울을 지나느라 자줏빛의 얼굴을 한 냉이들이 소복 소복 모여 있습니다. 작은 얼굴들이 이곳저곳의 봄 언덕에 나타납니다. 찬바람 속에 어느 순간 보드라운 훈풍이 살짝 불어오면 냉이들은 얼굴을 더 키우고 쑥쑥 커 오릅니다.

햇살이 다사로운 어느 날, 점심을 먹은 후의 휴식 시간에 냉이를 캐는 시간을 가졌습니다. 땅속에 뿌리를 내리고 봄을 품고 있는 냉이를 캐면 그 향긋함이 기분을 덩달아 상큼하게 합니다. 긴 뿌리를 내리고 있는 모습이 신기하고 동그란 냉이의 얼굴이 귀여워 한참 쳐다봅니다. 새삼 자연에 기대어 살아가는 작은 풀의 생명력에 감탄하게 됩니다.

냉이를 캐는 시간에 노랑진박새가 가늘고 날렵한 다리로 노란색의 동그란 배를 가진 모습으로 찾아와 경쾌한 몸놀림을 하는 것이 보였습니다. 조그만 몸집으로 까딱 까딱 고개를 움직이며 춤을 추는 모습으로 찾아와 냉이 캐는 나의 시간을 더 기분 좋게 만들어 주었지요. 박새도 봄이 오고 있음을 느끼고 경쾌한 춤을 추는 듯했습니다.

향긋한 냉이향을 맡으며 캐어 온 봄나물을 맑은 물에 헹구어 씻어놓고 물을 끓여 소금을 넣고 살짝 데쳐봅니다. 다시 찬물에 헹구면 보랏빛 물이 나옵니다. 보라색을 몸속에 품고 있었나 봅니다. 아마 추운 겨울을 견디어내느라 스스로 단련했을 인내와 포용력을 보랏빛 속에 응집시키고 있었던 것이 아닌가 생각합니다.

고추장과 설탕, 식초, 간장을 섞어놓고 깨소금을 금방 갈아 넣고 참기름을 몇 방울 떨어뜨려 양념장을 만들어 둡니다. 고소하고 상큼한 초고추장이 완성되면 데친 후 물을 꼭 짜둔 냉이를 먹기 좋은 길이로 잘라 양념장과 버무립니다. 봄맞이 냉이 무침이 완성되는 것이지요. 식구들과 밥을 먹을 때마다 봄의 향기를 먹는 것과 같습니다. 자연의 흐름을 미각으로 느끼는 시간입니다.

작은 봄나물을 캐어 와 향기 나는 식탁을 마련하면서 우리 인간은 자연에 기대어 사는 것임을 차분히 느끼게 됩니다.

추운 겨울을 견디어내고 자신의 얼굴을 때가 되면 살짝 드러내는 연약하지만 강인한 냉이를 보면 적절한 때가 될 때까지 인내하며 기다리기와 끝끝내 생명을 품고 극복하기와 자신의 고유한 향기를 치열하게 간직하고 지켜내어야 함을 새롭게 느낍니다.

아스파라거스 햇순 올라오던 교정

―――

열네 살 무렵이었습니다. 단발머리 소녀로 중학교에 입학한 지 얼마 되지 않은 날이었지요. 비슷비슷한 모습으로 네다섯 명이 함께 점심시간 후 교정을 거닐고 있던 날이었습니다. 봄바람은 다정하게 훈훈히 불어오고, 우리들은 재잘거리며 화단을 걷고 있었습니다. 화단에서는 여러 가지 꽃들의 새싹들이 연둣빛 고운 움을 틔우던 계절이었지요. 그때 교장 선생님께서도 점심 후 산책을 하고 계셨는데 어린 우리들이 귀여우셨던가 봅니다. 잔잔한 미소와 함께 선생님은 우리들에게 다가오셨습니다. 얼굴 가득 인자한 미소를 지으시고 다정하게 말씀하셨던 것이 생각납니다.

"얘들아, 이 새싹이 무엇인지 아느냐? 이것은 아스파라거스라고 하는 거란다. 식용으로 먹을 수도 있는 거야"

그때 처음으로 아스파라거스의 존재가 나의 의식 세계로 들어왔습니다. 이름도 길고 어렵다는 느낌이 먼저 들었고 사람들이 먹을 수 있는 화초가 화단에서 자라다니, 신기한 호기심이 들었지요. 얼마 후 아스파라거스는 잎사귀를 활짝 폈고 가는 잎새들이 모여서 기품 있게 잎을 만들고 있는 모양이 여느 나뭇잎과는 완연히 다른 모습이어서 인상적이었습니다.

교장 선생님께서는 우리들 네 명의 단발머리 소녀들을 교장실로 데려가셨지요. 처음으로 손님들이 앉으시는 멋진 의자에 앉아보았답니다. 어린 우리들에게 무슨 말씀을 하셨는지 지금 기억은 나지 않으나 선생님께서 주셨던 사탕의 달콤한 맛은 아직도 입속에 맴돕니다.

아마도 중학 시절을 처음 시작하는 어린 벗들에게 무언가 좋은 말씀을 인자하게 해 주셨으리라 생각합니다. 다정한 할아버지 같으신 음성으로 소녀 시절을 처음 시작하는 꼬마 숙녀들에게 새로운 시작을 잘하라고 격려하신 듯합니다.

그분의 인자하신 미소와 아스파라거스를 처음 알게 가르쳐주신 다정한 음성과 새로운 시작을 격려해 주셨던 그 시간이 꿈결처럼 아련하게 되살아 옵니다. 봄날의 따사롭고 다정한 햇살을 즐기며 산책하는 시간이면 열네 살의 학교 시절이 행복한 느낌으로 찾아 옵니다.

산수유 그늘 아래 네 잎 클로버 동산

———

어느 화창한 봄날, 맑은 햇살과 공기를 만나러 나의 세계에서 일상으로 정착이 된 산책길에 나섰습니다. 산수유 노랗게 피던 이른 봄과 봄날이 점점 깊어지고 동그란 얼굴의 노란 산수유도 져버린 늦봄의 어느 날이었습니다. 산수유 나무 밑에 초록의 토끼풀들이 하늘거리며 바람에 흔들리고 있었습니다. 발걸음을 멈추고 자세히 들여다보았지요. 네 잎 클로버들이 옹기종기 소복하게 모여 웃고 있었습니다. 보통 클로버는 세 잎을 갖고 있는데, 이곳의 클로버는 네 잎이 더 많은 가족으로 함께 모여 있더군요.

네 잎 클로버가 상징하는 행운의 의미를 친구들에게 전해주고 싶어 초록색 잎을 따 모았습니다. 한 손에 가득 차도록 많았습니다. 잎사귀가 서로 접히지 않도록 조심하며 두툼한 사전에 넣어서 말렸지요. 긍정의 말, 힘이 되는 말을 자료로 기록해 두었다가 타이핑하여 인쇄하고 말린 네 잎 클로버를 글의 사이에 넣어서 자연의 분위기를 연출하고 코팅을 해서 책받침을 여러 개 만들었습니다.

- 당신은 참 소중한 사람입니다.
  공부한 것 모두 생각날 것입니다.

- 세상을 향해 활짝 날개를 펼쳐요!!
  언제나 당신의 편입니다.

- 당신은 생각할수록 참 좋은 사람입니다.

- 행운을 부르는 7가지 말은?
  행복해, 감사해, 고마워, 미안해, 멋져, 최고야, 수고했어!

- 절대 긍정의 태도: "안 되면 어떻게 하지?"라고 묻지 말고 "되면 어떻게 하지?"라고 물으세요.

- 지나간 모든 것에 감사하며 다가올 모든 것을 긍정합니다.

- 행동이 바뀌면 습관이 바뀌고,
  습관이 바뀌면 성품이 바뀌고,
  성품이 바뀌면 운명이 바뀐다.

- 열심히 일하라, 더 열심히 즐겨라.(Work hard, play harder!)

- 아침에 눈을 뜨면 무엇보다도 먼저 '오늘은 한 사람에게만이라도 기쁨을 주어야겠다'라는 생각으로 하루를 시작하라. – 니체

- 세상에 있는 축복, 인복, 돈복, 행복을 모두 끌어당기길 원한다면 세상에서 가장 강력한 자석인 긍정으로 무장하세요.
  우리 마음에도 기본기가 있습니다.
  바로 인사, 감사, 용서, 사과입니다.

이 말을 입에 길들이면 행복 근육이 달라붙고 머지않아 사람도, 돈도, 명예도 달라붙습니다.

실패하는 사람은 자신의 변화를 위해 노력하지 않고 이런저런 생각만 많으며 늘 남의 것을 좋아합니다.

그러나 성공하는 사람은 나이에 상관없이 항상 새로운 희망을 품고 변화를 추구하며 무엇이든 배우려는 자세를 가지고 있습니다.

• 패션의 완성은 미소입니다.

• 나에게 일어나는 10%의 사건과 내가 그것에 어떻게 반응하는가 하는 90%의 자세에 의해 인생은 만들어진다고 확신합니다.

정성껏 만든 책받침을 주위의 여러 사람들에게 나누어 주었습니다. 수능시험을 치를 고3 수험생과 임용고시를 준비하는 친구들과 평생교육에 힘쓰며 미래를 준비하는 여러 사람에게 마음을 나누어 주었답니다. 온 힘과 마음과 정성을 다하여 준비하고 그 후 하늘의 뜻을 기다렸던 조상들이 남긴 이야기도 책받침 속에 스며있습니다.

盡人事待天命 (진인사대천명)

情身一道何事不成 (정신일도하사불성)

세 잎은 행복을 의미하는 것이고, 네 잎은 행운을 의미하는 것이라는 이야기는 어릴 적부터 누군가에게서 전해 들은 이야기입니다. 굳이 주위에 많이 있는 행복을 두고 행운을 찾으려는 우리의 마음을 비유하여 전해오는 이야기가 아닐까 생각해 봅니다. 하지만 허무맹랑하게 행운만 바라는 마음이 아니라 자신의 온 정성을 다한 후 평정심으로 하늘의 뜻을 기다리는 잠깐의 행운은 작은 선물이 아닐까 합니다.

사월, 고목 나무에 돋아나는
어린 연두 잎새를 바라보며

———

　추운 겨울의 어두운 땅속, 시든 낙엽, 떨어진 자신의 분신인 꽃과 열매와 나뭇잎만을 생각한다면 나무는 새로운 봄날 연두의 잎새를 다시 피워올릴 수 있었을까 생각합니다. 시련과 아픈 작별의 시간을 딛고 한 발짝 더 앞으로 내디뎌 생명을 길어 올리는 어린 잎새들을 보며 나 자신을 생각하는 시간을 갖습니다.

　나 자신의 단점에만 침잠하여 자신을 의기소침하게 더 가라앉아가도록 하는 일에 힘을 보탤 것이 아니라 나 자신을 살리는 장점을 적어보기로 했습니다. 사소한 것도 적어보며 하루에 한가지씩 더 적어나가기로 마음을 가집니다.

　의식의 세계에 몸을 담고 살면서 블루오션인 무의식의 거대한 바다의 세계를 똑똑 두드리며 긍정의 한마디씩으로 나 자신을 일깨우기로 마음먹으며 연필을 들어봅니다.

- 나는 거인의 마음을 지니고 있다.
- 나는 공감의 마음이 강하다.
- 나는 상대방의 눈빛을 보며 대화를 한다.
- 나는 글쓰기를 꾸준히 하고 있다.
- 나는 운동을 꾸준히 한다.
- 나는 끈기 있는 마음을 갖고 있다.
- 나는 표정이 밝다.
- 나는 긍정적으로 생각하는 습관을 강화하고 있다.
- 나는 부지런하다.
- 나는 요리를 즐겁게 한다.
- 나는 배려심이 강하다.
- 나는 목소리에 힘이 있다.
- 나는 친절한 마음을 실천한다.
- 나는 관찰력이 뛰어나다.
- 나는 봉사하는 마음을 일상에서 늘 조용히 실천한다.
- 나는 책 읽기를 좋아하며 매일 실천한다.
- 나는 자신을 발전시키는 연수를 꾸준히 찾아서 듣고 메모한다.
- 나는 자기 계발을 위하여 늘 노력한다.
- 나는 매일 자녀와 카톡으로 대화한다.
- 나는 상대의 장점을 발견하는 노력을 늘 한다.
- 나는 긍정의 말로 칭찬하는 습관을 강화시킨다.
- 나는 꽃, 나무, 풀잎을 사랑하는 마음을 키워나간다.

- 나는 환경주의자의 마음을 확장시켜나가며 일상에서 늘 실천한다.
- 나는 엄마의 목소리에 세심히 귀를 기울인다.
- 나는 엄마의 이야기에 공감하고자 노력한다.
- 나는 친절한 전화를 엄마께 자주 한다.
- 나는 엄마 집의 청소를 스스로 찾아가며 해 드린다.
- 나는 관찰하고 필요한 일을 실천한다.
- 나는 일터와 집안의 초록 화원 꾸미기를 좋아한다.
- 나는 어린아이의 마음을 지니려 노력한다.
- 나는 꾸준한 실천력을 갖추고 있다.
- 나는 아름다운 글씨체를 갖고 있다.
- 나는 한지의 향기를 좋아하고 서예를 잘 쓴다.
- 나는 그림그리기를 좋아한다.
- 나는 새벽이나 일요일 오후 명상을 실천한다.
- 나는 뜨개질 하는 것을 좋아하고 옷을 만들어 입는 것을 잘한다.
- 나는 다른 사람의 목소리에 세심한 귀를 기울인다.
- 나는 필요한 일들을 찾아가며 잘 돕는다.
- 나는 사무실을 내 집처럼 실용적으로 꾸미고 일의 능률을 높이기 위해 노력한다.
- 나는 폭력을 싫어한다.
- 나는 평화를 가져오는 일을 일상에서 살피며 실천한다.
- 나는 영화를 좋아하며 인생 이해의 폭을 확장하고자 노

력한다.

- 나는 일터의 사람들이 편리하고 실용적으로 사용하도록 조용히 사무실을 틈틈이 정리한다.
- 나는 일터 싱크대의 찻잔과 물잔을 자발적으로 기분 좋은 마음으로 씻고 정리한다.
- 나는 일터의 난 화분에 정기적으로 잊지 않고 물을 준다.
- 나는 물건들을 실용적으로 사용하도록 정리를 잘한다.
- 나는 미소로 인사를 잘한다.
- 나는 친목과 소통의 마음으로 영어 동아리를 운영한다.
- 나는 도움을 요청하는 이의 마음을 이해하며 성의껏 돕는다.
- 나는 참을성이 많다.
- 나는 Yes, No를 분명히 하고자 노력한다.
- 나는 책을 쓰는 노력을 끊임없이 한다.
- 나는 머릿결이 좋은 긴 생머리를 좋아한다.
- 나는 여러 사람들이 자주 말해주는 동안을 갖고 있다.
- 나는 동안의 마음을 순수하게 실천한다.
- 나는 좋은 연수와 강의를 꾸준히 듣고 메모하고 내용을 실천과 연결하고자 노력한다.
- 나는 실천력이 강하다.
- 나는 미소가 예쁘다.
- 나는 호감 주는 목소리를 갖고 있다.
- 나는 색채감각이 뛰어나다.

- 나는 만들기를 좋아한다.
- 나는 긍정의 마음을 지녔으며 매일 실천한다.
- 나는 칭찬하는 순간을 발견하면 즉시 상대방을 칭찬한다.
- 나는 쓰레기를 스스로 줍고 환경 보호론자이며 행동으로 실천한다.
- 나는 사월의 봄 공기와 봄 하늘을 마음껏 바라보는 것을 좋아한다.
- 나는 봄비가 내리는 호숫가를 거닐며 동그란 빗방울이 그리는 무늬를 좋아한다.

노란 애기똥풀 한들거리는 산책길

나는 한 해의 열두 달 중 사월을 가장 좋아합니다.

삼월의 추위가 사라지고 사월의 봄볕이 따사로워지면 여러 가지 풀들이 자신의 개성을 나타내며 각기 다른 얼굴 모습으로 흙에서 움을 틔우며 나타나기 때문입니다.

봄날이 점점 짙어져 가는 사월 말경이면 길가의 풀들이 키가 커집니다. 소루쟁이도 쑥쑥 제 키를 키워나가고 찔레 순도 가지를 뻗어가며 자신의 키를 쑥쑥 키우고 있습니다. 쇠뜨기도 가느다란 실처럼 자신의 마디 마디를 키워나가는 사월입니다.

산책길을 나서는 점심시간에 만나는 초록의 들풀들 사이 사이로 노란 얼굴을 드러내며 바람에 한들거리는 반가운 얼굴이 있습니다. 바로 애기똥풀이란 예쁜 이름을 가진 들풀입니다. 쑥처럼 생긴 잎새와 네 장의 꽃잎으로 된 꽃 얼굴을 가진 봄꽃이지요. 그 꽃의 풀물은 노란색을 지니고 있습니다. 황금색이라 옛 어른들이 '애기똥풀'이란 귀여운 이름을 붙여 준 것이 아닌가 생각해 봅니다.

한 송이 꺾어 와 나의 책상 위에 첨성대를 닮은 도자기 모양의 컵에 꽂아두고 바라봅니다, 해마다 사월이면.

애기똥풀의 노란 꽃잎 속에 봄바람이 들어있고, 아기의 미소가 스며있고, 풀꽃에게 그에 알맞은 의미를 부여하며 예쁜 이름을 붙여 준 우리 선조들의 지혜를 가만히 생각해 봅니다.

이름을 붙여주고 바라보고 그 의미를 생각해보며 존재의 가치를 음미해 보는 사월은 온통 예쁜 이름을 가진 우리 야생화 풀꽃들을 생각하는 것으로 한껏 풍요롭게 변합니다.

청보리를 보며 걷는 사월

———

해마다 사월이면 청보리가 핍니다. 시원시원하게 연둣빛의 긴 수염을 쭉쭉 내 뻗으며 푸릇푸릇하게 보리가 핍니다. 그를 바라보면 나도 씩씩해지는 마음입니다. 대나무를 닮은 나란히맥의 잎사귀가 시원시원하게 느껴집니다.

청보리를 만날 수 있는 사월이면 중학교 시절 과학 선생님께서 가르쳐주시던 나란히맥과 그물맥, 쌍떡잎식물과 외떡잎식물에 대하여 처음 만나던 그 옛날의 교실도 생각납니다. 노래를 통해 듣게 되는 '한 많은 보릿고개' 이야기는 저 멀리 꿈속 같기만 합니다. 중학교 시절 과학 수업 시간에 처음 들어본 보리의 잎사귀가 나란히맥이라는 수업 이야기가 너무 신기하고 재미있게 느껴졌기 때문입니다. 그 순간이 보리가 나의 마음 세계로 들어 온 처음이었습니다.

봄날의 봄볕이 더욱 짙어지고 따뜻해지면 보리가 패고, 봄바람의 결 따라 이리저리 휘몰리며 움직이는 보리의 파도는 바라보기에 참 장관입니다.

춘궁기를 해결해주던 고마운 보리에 대한 감사의 마음은

훗날 알게 되었습니다. 한국사를 자세히 공부하며 조상들의 삶의 한 자락 한 자락에 스며 따스하게 배고픔을 어루만져 준 고마운 곡식이라는 사실을 느끼게 되었습니다.

여름의 향기, 성숙해지다

ⓒ 조현숙

산책, 정다운 친구와 연꽃과
네잎 클로버와 함께

———

여름이면 연꽃의 큰 꽃 얼굴과 넓은 잎사귀를 보면 마음이 참 시원해집니다.

어릴 때 동네 서커스단이 심청전을 연기하는 것을 신기한 눈으로 바라보던 때 커다란 연꽃 속에서 나오던 심청이의 모습이 마음속에 각인되어 있습니다. 그때 처음 연꽃이 내 마음속에 자리하게 되었고 실제로 생생한 연꽃의 모습을 해마다 만나러 가면서 반갑고 신기한 마음에 한참을 고요히 들여다봅니다.

꽃잎이 이렇게 생겼구나, 꽃술과 씨방과 줄기, 잎사귀의 잎맥은 이런 모습이구나 생각하며 자세히 들여다보게 되었습니다.

어느 해 여름 오랜 벗과 함께 동궁과 월지를 산책했습니다. 분홍빛 연꽃과 하얀 연꽃이 무리지어 두런두런 피어 있는 동궁과 월지였지요. 진흙 속에서도 피어나는 고운 꽃, 진흙 속에서 피어나지 않는 꽃이 어디에 있겠습니까만, 연꽃은 유난히 물속, 진흙 속에서 피워 올리는 모습이 마음을 움직입니다.

산책길에 연꽃과 고요히 마음껏 노닐다가 내려다 본 둑길에서 네 잎 클로버가 눈에 들어왔습니다. 자세히 바라보면 클로버 속에서 유난히 네 잎을 잘 발견하는 나라서 그날도 함께 한 벗에게 선물했습니다, 행운이 그대와 함께! 사실 행운은 늘 우리와 함께 하는 것임을 느낍니다. 지금 여기 살아 있음에, 일터와 동료와 가족과 함께 살고 있음 자체가 이미 행운이 아닐까 합니다. 이제는 네 잎 클로버를 건네주며 "자비가 그대와 함께!"라는 마음을 전하고 싶어집니다.

다정한 외가집,
그곳의 아름다운 사람들

―――――

어릴 적 여름방학과 겨울방학이면 외가집에 동생과 둘이서 자주 지내러 갔습니다. 조그만 시골 지역의 고요한 산과 논과 밭둑에서 뛰놀며 외할머니의 손길과 외할아버지의 다정한 음성과 외삼촌들의 무용담을 들으며 상상의 세계가 자라나던 시절이 있었습니다.

외할머니께서 삶아주시던 옥수수 간식이 있던 여름날 오후, 아직도 가마솥에서 쪄지던 옥수수의 그 향기가 따스하게 나의 마음속에 남아 있습니다. 간혹 일상에서 만나는 추운 경험이 나를 외롭게 만들 때마다 외할머니의 다정한 목소리와 구수한 옥수수의 향기가 떠올라 나를 순하게 만들어주기도 합니다.

외가집 대문 옆에 서 있던 오래된 살구나무와 그 연분홍 꽃잎과 바람에 흩날리던 모습과 족두리꽃이 자랑처럼 피어나던 외삼촌이 가꾸시던 화단과 석류나무 한 그루, 뒤뜰에 빨간 딸기가 열리던 조그만 밭이 생각납니다.

건축물이 사람의 기억형성에 얼마나 큰 영향을 끼치는

지 많은 시간이 흐른 지금 다시 느낍니다. 나에게 따스한 사랑의 기억으로 머물러 있는 외가집과 그곳에 계셨던 여러분들의 다정한 목소리와 눈빛들이 나의 성장에 커다란 자리를 차지했음을 감사하고 있습니다. 수묵화의 한 풍경처럼 기억 속에 남아 있는 외가집의 풍경은 나의 마음을 순하고도 풍요롭게 만듭니다.

어린 마음이 자라나던 외가집의 옛터에 외삼촌 내외는 그림 같은 이층집 전원주택을 짓고 가끔 들르기도 합니다. 노란 오이꽃이 피고 기적처럼 오이가 달려있던 고랑과 가지가 보라색으로 자라던 채전과 깻잎이 심어진 담벼락 옆길, 잔디가 곱게 가꾸어져 있던 화단과 이쁘게 이발한 회양목이 동그랗게 대문 옆에 자리하고 있는 아름다운 집이 추억처럼 존재하고 있습니다.

옥잠화와 붉은 벽돌집 성당의 계단

———

　여름이면 하얀 모습으로 향기롭게 피어나는 옥잠화, 8월의 더위를 하얀 옥잠화를 보며 식히기도 합니다. 조용한 모습으로 자신의 주변을 향기 가득하게 만드는 풀들의 선한 행위를 보며 생각에 잠기는 여름입니다. 뿌리를 탄탄하게 땅속에 두고, 추위에 강하게 견디며 봄날의 연한 새싹의 모습으로 시작하여 여름날에 향기로운 꽃을 피우는 옥잠화를 오랜 시간 자세히 바라보며 지냈던 여고 시절이 있었습니다.

　붉은 벽돌로 지어진 성당의 화단에 피어나던 옥잠화, 유난히 하얀 꽃얼굴이 초록잎새 사이로 청아한 얼굴로 피어나던 모습이 눈에 선합니다. 그 고즈넉함과 향기를 짙게 발산하던 여름날, 여름의 소나기와 먹구름 가득한 날에 더욱 하얗게 깨끗한 얼굴로 화단을 밝히던 옥잠화의 모습이 눈에 그려집니다. 그 성당의 많은 계단들, 나의 소중한 시절을 구성하던 시간들이 있었습니다.

"가장 고통스런 날에 가장 영롱한 결정체들이 염전 바닥
에 깔린다."

- 김훈,『자전거 여행』중 -

보라색 도라지꽃과 선생님의 블라우스

———

신비한 느낌의 보라색을 처음 만난 순간이 보라색 도라지꽃이었습니다. 어찌나 아름답게 보였는지 모릅니다. 통꽃으로 나팔처럼 피어나던 모습이 참 신기했습니다. 기쁨의 환호를 외치고 싶은 꽃잎의 모양이었어요. 그 뿌리가 도라지나물로 먹을 수 있다는 사실은 어른이 되고서 알았답니다. 약간 쌉싸름한 맛의 도라지무침을 새콤달콤하게 만들어 먹을 수 있다는 사실을 직접 식탁을 준비하면서 요리책을 들여다보며 가족의 식사를 마련하면서 알게 되었습니다.

처음 꽃을 보았을 때의 신기함으로 손으로 꽃잎을 만져보고 잎사귀를 들여다보고 줄기를 살펴보곤 했던 기억이 있습니다. 학창 시절의 국어 선생님께서 어느 날 보라색 블라우스를 입고 오셨습니다. 그 수업 시간 내내 참 행복했습니다. 보랏빛 신비한 색이 주는 힘으로 수업 시간이 즐거웠습니다.

수채화 물감의 여러 가지 색깔을 들여다보면 행복해지는 순간이 있습니다. 빛깔이 주는 마음의 위안, 마음의 산책이 보랏빛 도라지꽃으로 인하여 더욱 풍요로워졌습니다.

푸르른 산 그림자와 테너 선생님

"먼 산을 호젓이 바라보면 누군가 보이네
산 너머 노을에 젖는 내 눈썹에 잊었던 목소리인가
산울림이 외로이 산 넘고 행여나 또 들릴 듯한 마음
아 아 산울림이 내 마음 울리네
다가왔던 봉우리 물러서고 산 그림자 슬며시 지나가네"

가끔 먼 산이 바라다보이는 곳으로 산책길에 나섭니다. 한 걸음씩 걷다 보면 옛날 음악 수업시간을 떠올리며 생각에 젖어 듭니다.

학창 시절 음악 시간에 테너의 목소리를 가지신 음악 선생님께서 불러주시던 '산노을' 노래가 생각납니다. 자연스럽게 음악 시간은 열린 음악회가 되고 우리는 우아한 청중이 되어서 가사와 곡조에 따라 상상의 세계로 훨훨 창공을 나르던 시절이 있었습니다.

때로 태산 같은 모습으로 어린 학생들을 이끄시던 스승님들의 모습이 지금 새롭게 다가옵니다. 그분들 한 분 한 분께서 주셨던 관심과 사랑과 염려가 지금의 나의 세포를 하나씩 하나씩 형성했음을 느낍니다. 감사의 마음을 다 드리지 못했음을 아쉬움으로 간직하며 지금 내 옆에 존재하는 분들께 그분들의 은혜를 갚는다 생각하며 대신하여 감사의 마음을 표현하고 소중히 존중하며 생활하기로 다짐합니다.

외할머니 숭늉과 애호박국

———

더운 여름 저녁, 외가집 마당에 멍석을 깔고 그곳에서 저녁을 먹었던 어느 날의 기억이 샛별처럼 떠오릅니다. 어스름이 내리는 저녁, 투박한 멍석을 깔고 그 위에서 저녁을 먹었던 기억이 어린 기억의 창에 남아 있습니다.

특별히 외할머니께서는 호박국을 참 맛있게 끓이셨습니다. 외할머니께서 만들어 주셨던 호박국을 먹으며 여덟 살 무렵의 어린 나는 말했지요.

"할머니, 이 호박국, 진짜 맛있어요.
어떻게 끓이신 거예요?"

어린 나의 또랑또랑한 목소리에 할머니께서는 흐뭇한 미소를 얼굴에 가득 지으시던 그 저녁 밥상이 생각납니다. 그 추억의 맛이 너무도 강하여 이후 어떤 호박국도 그처럼 맛있었다는 생각이 들지는 않네요. 어린 시절의 어떤 추억은 수채화처럼 선명하게 기억이 되기도 합니다.

부엌의 가마솥 두 개와 펌프가 있던 마당의 수돗가, 장독대, 디딜방아가 있던 곳, 곳간과 탕비실, 그곳에 스며있던 할머니의 향기가 느껴지는 듯합니다. 쌀뜨물을 받아서 끓여주시던 숭늉 누룽지 그 구수한 맛과 할머니의 정이 가득 담겨 있던 좁쌀이 섞인 노란 밥과 할머니의 손맛이 가득한 밥상이 그리워집니다.

　이제는 내가 할머니의 식탁에 정성을 다해 밥상을 올려드릴 수 있는데 할머니는 안동 서후에 있는 외가집 선산의 산기슭 양지바른 곳에 계십니다. 누워서도 우리를 다 보고 우리의 목소리를 다 듣고 계시겠지요.

홈스테이를 방문한 런던 무지개

여름날의 무지개를 볼 때마다 생각나는 무지개가 있습니다. 어린 시절 무지개를 볼 때마다 마냥 끝없이 달려가고 싶다는 생각을 했지요. 무지개를 잡고 싶었으니까요. 무지개가 피어나는 언덕, 그 너머까지 달려가면 왠지 손으로 고운 무지개를 잡을 수 있을 거라는 생각도 했었답니다.

어느 해 여름, 다소 긴 시간 동안의 런던 생활을 마무리하고 귀국 일주일 전에 보았던 무지개가 생각납니다. 왠지 기쁜 소식처럼 나에게 다가왔던 고운 빛의 무지개가 홈스테이하는 나의 방 커다란 유리창 너머로 선명하게 보였습니다. 살짝 여우비 내린 후 햇살이 나오고 하늘에 둥글게 떠오른 여름날 런던에서의 무지개는 매우 고왔습니다. 아마 귀국을 앞두고 마음이 더욱 설레고 있었기 때문에 더 아름답게 다가왔을 것입니다. 상대성이론은 일상의 어디에든 적용되나 봅니다.

홈스테이 맘은 백인 아주머니, 근처 학교의 행정실장님이셨구요, 홈스테이 파더는 흑인 아저씨, 전직 요리사, 그때도 가정의 요리를 전담하고 계셨습니다. 한국과는 조금 반대의 상황이 연출되기도 했어요. 아저씨가 요리 후 피곤하다고 귀엽게 살짝 투덜대실 때도 있었어요. 그럴 때 아주머니는 "나는 샌드위치밖에 못 만든다, 요리에는 흥미가 없다, 잘하지 못한다."하고 말하며 자기합리화를 하더군요. 식탁에서 벌어지던 웃음 섞인 대화였어요. 영국식 정통 요리를 근사하게 만들어내며 특급요리사의 실력을 뽐내던 분이셨지요. 덕분에 나는 정성이 들어간 런던의 가정식을 맛있게 먹고, 접시에 정성껏 담겨진 예쁜 음식을 보며 맛깔나게 담는 것도 음식의 맛을 돋구는데 큰 역할을 한다는 것을 체험했지요. 정성과 멋을 내서 차려주시던 런던식 가정백반, 청바지까지 다림질해서 침대 위에 가져다주시던 따스한 손길, 서로를 존중하시던 노부부의 모습.

이런 사람들과 생활한 런던에서의 시간들이 그 도시와 그곳에 살던 사람들에 대한 나의 생각을 참 따스하게 만들었습니다. 흑인 아저씨는 정원의 화초도 직접 골라서 심었다고 자랑도 하시고, 기르던 고양이가 죽자 초상화를 직접 그려서 액자에 넣어 식당에 걸어 두셨어요. 재주도 많으시고 다정다감한 분이셨던 흑인 아저씨, 말괄량이 백인 아주머니, 그 두 분의 조화로운 가정 운영이 동양의 한 외국인 방문객이었던 나에게는 참 신선하게 다가왔습니다. 그분들의 건강과 행복을 기원하는 마음입니다.

여름 무지개는 한없는 동경을 품게 하고, 소나기 그친 뒤의 상큼한 하늘과 세수한 듯 깨끗해진 하늘과 아직도 물기 어려있는 여름날 하늘의 청량함은 내가 살아가는 시간을 더 소중하게 여기도록 해 줍니다.

귀국 일주일 전 런던 하늘에 뜬 무지개를 본 기억은 "앞으로 하는 일이 다 잘되리라."라는 예감으로 마음 설레던 십여 년 전 여름날을 떠올리게 합니다.

What a Wonderful World sung by Louis Armstrong

I see trees of green, red roses too
I see them bloom for me and you
And I think to myself what a wonderful world.
I see skies of blue and clouds of white
The bright blessed day, the dark sacred night
And I think to myself what a wonderful world.
The colors of the rainbow so pretty in the sky
Are also on the faces of people going by
I see friends shaking hands saying how do you do
They're really saying I love you.
I hear babies cry, I watch them grow
They'll learn much more than I'll never know
And I think to myself what a wonderful world
Yes I think to myself what a wonderful world.

푸른 나무가 보여요, 붉은 장미도요.

그들이 당신과 날 위해 피어나는 것을 봐요.

그리곤 혼자 생각하죠, 얼마나 멋진 세상인지

푸른 하늘과 하얀 구름이 보네요.

밝고 축복받은 낮과 어둡고 신성한 밤도요.

그리곤 혼자 생각하죠, 얼마나 멋진 세상인지

하늘에 뜬 아름다운 무지개의 빛깔이

지나가는 사람들의 얼굴에도 떠 있네요.

친구들이 악수하며 "잘 지내?" 인사하는 것을 보네요.

그들은 진심으로 "사랑해."라고 말하고 있지요.

아가들이 우는 걸 듣고, 자라나는 걸 지켜보지요

내가 결코 알지 못할 것보다 훨씬 많은 걸 배우겠죠

그리곤 혼자 생각하죠, 얼마나 멋진 세상인지

맞아요, 혼자 생각해요, 얼마나 멋진 세상인지

초록색 원피스와 사제서품식,
그리고 아버지!

―――――

칠월의 뜨거운 여름날, 상주 서문동성당의 사제서품식이 준비되던 무렵이었습니다.

어느 칠월의 오후, 아버지께서 시장에 다녀오시고 보따리 가득 새 옷을 풀어놓으시며 깨끗하게 씻고 새 옷을 갈아입으라고 말씀하셨어요.

어제인 듯 생생한데 가만히 생각해보니 사십 년이 넘은 추억입니다.

오랜 기간 준비해 오셨던 삼촌의 사제서품식이 있던 여름날이었습니다. 1975년 7월 6일, 서문동 성당. 그 성당의 마당에 우람하게 서 있던 히말라야 시더의 짙은 초록색 시원한 모습이 여름 더위를 식혀 주었던 것이 생각납니다. 그 그늘에서 어린 나와 친구들은 고무줄놀이, 공기놀이, 술래잡기, 사금파리를 이용해 땅따먹기 놀이 등을 했었지요. 친구와 자전거 타기 연습도 하고 드디어 균형을 잡으며 자전거를 탈 수 있게 된 경험도 성당의 마당에서 일어났답니다.

나의 옷은 산뜻한 초록색 원피스였어요. 얼마나 신이 났는지 모릅니다. 흰색과 초록색으로 무늬가 디자인되어 있던 새 원피스! 날아갈 듯한 기분이었어요. 나에게 느껴지는 초록색이 주는 평화로움과 기쁨은 그때 그 시간에 입었던 아버지께서 사 주셨던 초록색 원피스의 영향도 있었으리라 생각합니다.

형님으로서 축하의 마음을 표현하고 싶으셨던 아버지의 마음이 자식들 옷매무새를 깔끔하게 준비하는 것으로 시작하셨나 봅니다. 자식들에게 새 옷을 입혀 환한 미소로 축하하고 싶은 아버지의 마음을 그 시절 어린 저도 느낄 수 있었답니다.

아버지께서는 자식들을 깊이 사랑하셨다는 것을 이제 와 다시 절감합니다. 그때 그분의 눈빛과 목소리와 온몸으로 열심히 사셨던 삶의 여정을 돌이켜 생각해 보면 알 수 있습니다.

내 나이 무렵의 아버지 모습을 가끔 생각해 봅니다. 나를 비추어 아버지의 책임과 무게와 당신이 감당해내셨을 고뇌를 짐작해 봅니다. 아, 그때 아버지는 나보다 더 젊은 시절이었음을 생각하고 놀랍니다. 나는 아직 철이 덜 들었는데, 그때의 아버지는 태산의 모습이셨지만 아버지께서도 부모 역할에 얼마나 중압감을 느끼시며 외로우셨을까 하는 생각이 듭니다.

지금은 아버지의 삶의 무게를 조금이라도 덜어드릴 수 있을 텐데 하는 아쉬움이 함께 합니다. 감사합니다, 수고 많으셨습니다, 아버지! 베푸신 은혜를 주위에 갚아나가는 삶, 보다 더 의미있는 삶을 만들어나가도록 하겠습니다.

김룡사 계곡의 맑은 물소리

―――――

어느 맑고 더운 여름날, 같은 일터에서 삶을 함께 일구어 나가던 친구들과 함께 김룡사의 맑은 계곡을 찾았습니다. 깨끗한 모래와 자갈돌과 바위가 투명하게 물에 다 비춰 보이던 계곡, 물소리와 바람 소리가 청아하게 와 닿던 한 여름 한나절이었습니다.

우리는 누가 먼저랄 것도 없이 양말을 벗고 물에 발을 담그고 물살의 흐름을 발가락으로 느끼고 나무 사이로 하늘을 올려다보던 어느 한순간이 있었습니다. 무더운 한여름 가운데에서도 차갑고 초롱초롱한 맑음을 유지하는 물을 만나며 자신의 색깔을 잃지 않고 또렷이 나아가는 물의 자세가 새롭게 느껴졌습니다.

같은 물에 발을 담글 수 없다는 말이 생각납니다. 물은 흘러가므로 같은 물일 수 없고 시간도 같은 시간일 수 없음을, 만나는 사람도 그 순간에 함께 하는 사람들임을 많은 시간이 흐른 뒤에 생각합니다. 그때 그 자리에서 최선을 다하는 것 외에 달리 방법이 없다는 것, 그 또한 흘러간다는 사실을.

물도 시간도 사람도 흘러간다는 것을 새삼 돌이켜보는 시간을 가집니다.

오랫동안 생활의 터전으로 삼았던 문경지역을 떠난 지 오랜 시간이 흘렀으나 김룡사 계곡에서 만난 맑디 맑은 물소리가 마음속에서 가끔 들리는 듯합니다. 자신의 형태를 고집하지 않고 상황에 맞도록 그대로 다 맞추어 변화하는 물의 성향, 높은 곳에서 낮은 곳으로 흐르며 넓은 곳을 만나면 두루 다 채우고 다시 길을 떠나는 물의 자세를 보며 '상선약수(上善若水)'를 이야기한 어느 작가의 말을 생각해 봅니다.

가는 물줄기에서 졸졸졸 흐르다가 시내를 이루며 흐르고 또 다시 강물이 되어 함께 흐르고 바다에서 결국은 만나는 물의 순환과정을 생각해 봅니다. 수증기로 공기 중에 가볍게 몸을 맡기다가 구름이 되어 비로 내리고 눈으로 내려 다른 장소로 이동하고 결국은 다시 바다로 모여드는 물의 일생의 숭고한 과정을 생각합니다.

뿌리 속에 스며들어 나무의 수액으로도 이동하고 비가 되어 꽃잎에 내려앉기도 하고 소나무 새순에도 연둣빛 물방울로 맺히기도 하는 탄력성 넘치는 물의 특성을 보면서 생각합니다. 자신의 존재 이유를 뚜렷이 지켜나가면서도 변화의 가능성을 생기발랄하게 활용하는 물은 참으로 깊은 의미를 전해줍니다.

담양의 대나무숲과 소쇄원 가던 길

―――

2007년의 한여름 8월 초순이었습니다.

빛고을 광주에서 열린 연구회에 참석한 일정이 있었습니다. 전국의 교사들이 모여 지역을 나누어 그룹별로 발표회에 참여하고 교수법에 관한 여러 가지 좋은 아이디어들을 교류하며 열띤 토론에 참석하면서 학교 현장에 접목할 수 있는 다양한 생각들을 더욱 풍요롭게 하려는 시도가 뜨겁게 진행되던 팔월의 광주였습니다.

첫째 날의 발표가 마무리된 오후, 진행의 책임을 맡은 광주의 교사들이 소쇄원으로 안내를 하였습니다. 전국에서 모여든 여러 교사들은 안내에 따라 소쇄원 옛 정원을 거닐며 자연의 운치를 그대로 살려 정자를 만든 우리 선조들의 정취를 느껴보기도 하고, 소쇄원에 불어오던 여름의 한줄기 시원한 바람과 햇빛에 반짝이던 대나무 잎새들을 바라보기도 하였습니다. 산책을 하며 조선의 학자들이 논했을 이야기들을 상상하기도 하고, 정자에 앉아서 나누었을 그분들의 이야기들은 무엇이었을까 생각도 하는 시간을 가졌습니다.

'소쇄'는 '맑고 깨끗하다'라는 뜻입니다. 그러니 소쇄원은 '물이 맑고 시원하며 깨끗한 정원'이란 뜻을 담고 있는 곳이라 할 수 있겠습니다. 대나무들이 선비들의 기상인 듯 쭉쭉 뻗은 씩씩한 모습으로 하늘을 향해 뜻을 키워나가고 있는 모습들이 마음에 담아졌습니다.

푸른 하늘과 하얀 여름 구름과 광주의 뜨거운 여름 햇빛이 대나무의 푸른 기상과 함께 오랫동안 마음속에 물결치고 있었습니다.

긴 시간이 지난 오늘에도 그날 소쇄원에서 만났던 대나무와 맑은 기운이 살아있습니다. 겨울의 경주 남산 자락의 오죽을 볼 때나 흰 눈이 살짝 내린 영주 부석사의 대나무 잎을 바라볼 때 푸른 대나무의 기운이 마음속에 되살아 납니다.

잔디풀냄새와 누렁이 소

여름날의 잔디풀 냄새는 마음은 평온하게 하는 힘이 있습니다.

뜨거운 여름 태양이 서서히 산 너머로 다가가고 조금 서늘한 바람이 불어올 때의 해 질 무렵, 내가 많이 따랐던 셋째 외삼촌이 가족과 마찬가지인 외할아버지께서 키우시던 소를 몰고 나를 옆에 데리고 풀을 뜯기러 나갔던 어느 여름날 오후가 생각납니다. 아마 초등학교 삼, 사학년 시절이었으리라 여겨집니다.

순한 소의 움직임과 고삐에 매인 줄을 잡은 삼촌의 손, 그 뒤를 평화로운 마음으로 따라갔던 단발머리의 내가 보이는 듯합니다.

소의 눈을 가까이에서 바라보던 순간, 소의 순한 눈동자와 속눈썹이 얼마나 길고 예쁜지 놀랐었지요.

잔디밭에 소를 풀어놓으면 소는 제가 좋아하는 풀을 천천히 뜯어 먹고 외삼촌은 시원한 목소리로 노래를 부르고, 나는 그 노래를 들으며 소의 누런 잔등과 모기떼를 쫓는 긴 꼬리를 바라보던 어린 시절의 여름방학이 생각납니다.

산 언덕배기에 불어오던 시원한 산들바람과 바람에 실려
오던 잔디풀 냄새와 서서히 해가 기울며 어둠이 내리던 여
름의 논둑길, 돌아오던 길의 소걸음과 아늑하던 느낌의 공
기와 여름날의 풍요가 어린 나를 키워주는 데 커다란 역할을
했음을 느끼며 다시금 돌이켜 감사한 마음으로 물듭니다.

논둑의 콩밭과 어린 동생의 막걸리 주전자

———

지금에 와서 어린 시절을 돌이켜보니 외갓집에서의 추억이 많습니다. 조그마한 시골 농촌이었던 외갓집, 어린 시절에는 꽃 대궐 같았던 그 공간, 그 마당 넓은 집, 엄마의 어린 시절이 곳곳에 배여 있던 곳, 장독대와 석류나무와 감나무, 살구나무, 오동나무가 자신의 알맞은 자리에서 자라나고 있던 곳, 자연 속의 정원 같았던 그 공간, 그리워집니다.

한여름 밭일과 논일에 힘이 들 때 외할아버지께서는 막걸리 한잔을 하시며 잠시 쉬시던 여름이기도 했습니다. 어린 남동생에게 외할머니께서 말씀하신 심부름은 막걸리 주전자를 밭에서 일하시는 할아버지께 가져다드리는 것이었지요.

지금도 눈에 선한 그 논둑길을 어린 걸음으로 주전자를 들고 갔을 남동생이 생각납니다. 아마도 그에게는 조금 무거운 것이었으리라 생각합니다. 가는 길에 주전자를 기울여 조금씩 마시며 가더라는 이야기는 훗날 외삼촌께서 웃으시며 전해주시더군요.

그 시절 긴 논둑길이 어린 발걸음에 얼마나 길고 지루했을까하는 생각이 드네요. 어린 남동생의 추억의 한여름 논둑길 심부름에 따스하게 동반해주고 싶은 마음이 듭니다.

수고했어요, 내 동생! 그것은 성장을 위한 통과의례가 아니었을까 지금 생각해 봅니다.

벼들의 초록 물결과 아버지

―――

할아버지와 할머니의 셋째 아들로 태어나 깊은 사랑과 기대를 받으며 자라신 아버지, 작은 농촌 마을 농부의 아들이셨지요. 대처에서 공부하시고 사업가의 꿈을 키우시며 한반도의 동쪽으로 북쪽으로 널리 유랑생활을 하시다가 다시 귀향하여 근본의 모습이셨던 농부의 아들로서 농사를 지으시며 마음의 평화를 찾아가시던 우리 아버지.

긴 유랑생활의 외로움과 거센 바람과 파도를 잠재워 주던 벼들의 초록 물결과 그 들판을 생각에 잠겨 바라보시던 아버지의 눈길이 생각납니다.

"이 벌판을 한번 봐라, 이 생명의 들판을!"

어린 나에게 벼들이 자라나는 소리가 소곤소곤 들리는 것 같았던 들판을 자랑처럼 보여주시던 아버지가 생각납니다. 해마다 초록으로 짙어지는 들판을 보면 아버지의 목소리가 되살아옵니다.

모내기 철인 오월이 지나고 유월과 칠월, 팔월의 더위에 쑥쑥 키가 크며 초록이 짙어가는 모습을 보면 어릴 적 자신을 키워주던 모천으로 되돌아와 비로소 평온을 되찾으신 아버지의 음성이 들리는 듯합니다.

나의 케렌시아, 마음의 고향은 초록의 벼들이 자라나는 들판입니다. 벼들이 초록빛으로 커 올라오는 논둑길을 걸어가면 쌀 내음이 나는 듯하고 불어오는 바람에 벼들이 움직이는 바람결을 바라보면 마음이 평안해지고 옛날의 아버지를 만나는 듯합니다. 상주의 너른 들판을 걷다 보면 불어오는 바람결에 아버지의 목소리와 숨결과 눈동자를 만나는 듯하여 옛 생각에 푹 잠기는 순간이 참 많습니다. 자주 아버지를 그리워하는 나를 발견하게 됩니다.

벼들이 자라나는 들판 길을 걸으면 자연이 키우는 생명의 놀라움을 만날 수 있고 우주의 힘을 느낄 수 있습니다. 우리 사람도 자연의 일부이며 자연에 기대어 살아가는 생명임을 몸소 가르쳐주신 아버지를 그리워하며 살아갑니다. 더운 여름 논에서 생명이 자라나는 모습을 보면 생명을 살리는 일을 실천하며 살겠다는 다짐을 새롭게 다지기도 합니다.

물김치와 오후의 여유

―――――

여름이면 가족들을 위하여 물김치를 자주 담습니다.

쌉싸름한 열무 물김치와 담백한 단배추 물김치와 향긋한 미나리를 넣은 무 나박김치를 담아 먹는 것을 좋아합니다.

물김치는 담기가 매우 쉽습니다. 나도 처음에는 어려워하며 재료를 사 들고 상주에 계시는 엄마를 직접 찾아갔지요. 어떻게 담그는 건지 엄마께서 손수 이야기하시며 보여주셨습니다.

기본이 되는 나물을 깨끗이 여러 번 물에 씻어 맑은 물이 나올 때까지 헹구고 물이 빠지도록 채반에 받쳐 놓아둡니다. 붉은 고추를 믹서기에 갈아 색깔을 내고 마늘과 소금, 매실청이나 솔청을 조금 넣어 향미를 돋구도록 기본양념을 준비해 둡니다. 물을 끓이고 풀어 둔 통밀가루 물을 넣고 저어 물김치용 풀을 연하게 마련합니다. 이 밀가루풀에 기본양념을 넣고 소금으로 적당히 간을 하지요. 이제 준비가 다 되었어요. 유리 항아리에 나물을 넣고 기본양념을 국자로 골고루 뿌리고 천연 굵은 소금도 조금 뿌리고 다시 나물을 한 켜

넣고 다시 국자로 물풀을 뿌리고 소금으로 간하고, 반복합니다.

여름이라 더운 날씨이기에 한나절 정도 실온에 두면 적당히 발효된 물김치가 됩니다. 다시 반대편으로 뒤집어 소금 간이 골고루 스며들도록 해 줍니다. 시간이 되면 적절히 익은 물김치의 향이 납니다. 이때 냉장고에 넣어두고 시원한 물김치를 즐기게 되지요.

한여름 주말의 오후, 소면 국수를 삶아 물김치에 말아 먹으면 여름철 별미가 됩니다. 식구들을 즐겁게 만드는 여름철의 물김치, 만드는 과정도 기분 좋고, 맛있게 시원하다며 잘 먹는 가족들을 보면 나는 더욱 흐뭇한 마음이 됩니다.

한여름 더위를 이겨내며 채소를 기르느라 땀방울을 흠뻑 쏟았을 농부님들께 감사하는 마음이 절로 생기는 여름입니다. 그분들 덕분에 향긋한 초록 채소들로 만든 물김치에 국수를 말아 먹으며 여름 더위를 식힐 수 있음에 고마운 마음입니다.

콩국수와 비빔국수

―――――

어릴 적에는 국수를 그다지 좋아하지 않았던 듯합니다.

삶아서 채반에 돌돌 말아 놓은 면은 시간이 조금 지나면 서로 달라붙어서 떼어내야 하고 면의 싱거운 맛과 불어서 쉽게 끊어지는 면과 물국수는 젓가락으로 쉽게 잡을 수 없는 매끄러운 면이 어린아이로서는 먹기에 불편했던 기억이 있지요. 초등학교 시절에는 국수를 요령껏 잘 먹기가 힘들었던 것입니다. 예전에는 부엌의 싱크대 시설이 없었고 수도시설도 잘되어 있지 않았던 때문에 아마 국수가 쉽게 불어서 맛을 감소시키지 않았을까 생각합니다.

아버지께서는 국수를 참 좋아하셨던 기억이 납니다. 젓가락을 잘 사용하시며 후루룩 후루룩 국수를 맛나게 잡수시던 모습이 떠오릅니다. 특히 칼국수를 좋아하셨지요.

이제 나도 그 시절의 아버지 나이만큼 된 지금, 국수는 좋아하는 음식 중 하나가 되었습니다. 노란 콩을 삶아 믹서기에 갈아 콩 국물을 준비하고 세면을 알맞게 삶아 찬물에 헹궈내고 면이 탱글탱글할 때 콩 국물을 넣어 만든 콩국수는 여름날의 점심을 구수하게 만들어 줍니다.

햇살 맑은 날에는 얼음 동동 띄우고 수박채나 오이채를 위에 올려 콩국수를 만들어 먹는 것을 좋아하고, 흐린 날이거나 비 오는 날에는 매콤달콤한 비빔국수를 만들어 먹으면 기분이 좋아집니다. 날씨에 따라 국수 만드는 방법을 적절하게 변화시키면 새로운 느낌의 점심시간이 됩니다.

국수의 재료가 되는 밀가루, 우리밀을 가꾸기 위해 노력한 농부의 이야기가 생각납니다. 값싼 외국 밀가루에 밀려 우리 토종밀이 거의 고사 직전까지 갔으나 그것을 살리기 위해 안간힘을 쓰며 건사해 낸 농부의 이야기를 허영만 작가의 『식객』을 통해 알게 된 후, 가게에서 우리밀 밀가루를 주로 사게 되었습니다. 음식이 우리의 입에 들어오기까지 농부의 치열한 노력과 성과가 눈물겹게 다가옵니다. "인간에게 절실한 것들, 인간에게 간절히 필요한 것들은 모두 아름답다."라는 말이 생각납니다.

밀밭이 풍기는 서정적인 느낌과 밀밭 길을 구름에 달 가듯이 가는 나그네를 이야기한 경주 출생 박목월 시인의 감성이 국수 한 그릇에 떠오릅니다.

나그네

박목월

강나루 건너서
밀밭 길을

구름에 달 가듯이
가는 나그네

길은 외줄기
남도 삼백 리

술 익는 마을마다
타는 저녁놀

구름에 달 가듯이
가는 나그네

노란 참외밭과 외사촌

초등학교 3학년 혹은 4학년 무렵이었으리라 생각됩니다. 안동의 시골 마을인 서후에 있는 외가집에서의 달달한 추억이 떠오릅니다. 여름방학이면 남동생과 둘이서 외가집에 자주 갔었고, 자연스럽게 외삼촌들과 어린 시절의 추억이 만들어졌습니다.

어느 해 한여름, 뙤약볕이 몹시 따가운 날이었습니다. 한여름의 태양 빛이 노란 오솔길에 하얗게 쏟아지던 날이었던 것으로 기억납니다. 막내 외삼촌과 큰외삼촌의 자녀들인 외사촌 두 명과 나와 남동생은 할머니께서 싸 주신 보리쌀과 참외를 맞바꾸러 참외밭으로 가고 있었습니다.

할머니께서는 아마도 막내 외삼촌에게 일러두신 듯합니다. 어린 친손자와 친손녀, 외손자와 외손녀에게 달디 단 참외를 먹이고 싶으셔서 참외원두막으로 외삼촌을 인도하셨다는 것을 한참의 세월이 흐른 뒤에야 돌이켜 추억해 볼 수 있었습니다.

뜨거운 여름날, 하얗게 부서지던 길 위의 여름 태양과 건

144

조한 공기와 타박타박 걸어가던 길, 참외원두막에 도착하여 어른의 머리 크기처럼 보였던 거대한 참외를 한 개씩 차지하고 양손으로 들고 맛있게 먹던 기억이 있습니다. 어린 나에게는 참외가 얼마나 크게 느껴졌던지 모릅니다. 참외밭에 걸어갈 때 풍기던 단디 단 참외의 향기와 한입 베어 물었을 때의 달콤한 맛은 아직도 기억에 남아 있습니다.

지금까지 나는 세상에 그보다 더 맛있는 참외는 먹어 보지 못했던 것 같습니다. 아마도 할머니의 사랑과 외삼촌의 친절한 마음이 노오란 참외 속에 녹아들었던 듯합니다. 지금도 시장의 좌판에 나와 있는 참외를 보면 외할머니와 시골의 참외원두막과 외사촌들과 남동생의 미소와 그 옛날 그곳에서 먹던 참외의 맛이 되살아납니다.

단물이 나오는 꿀풀 보랏빛 꽃송이

———

보랏빛 꿀풀을 처음 만났던 따사롭던 봄날이 기억의 저편 속에 아련하게 있습니다. 아마 초등학교 오학년 무렵, 학교를 마치고 돌아오던 길에 보았던 보라색 꽃송이들이었습니다.

벌들이 윙윙거리던 봄날, 함께 집으로 돌아오던 친구가 나에게 말해주었습니다.

"이 꽃에서 단물이 나온다, 한번 먹어 봐!"

자신이 직접 본보기를 보여주며 친구는 꿀풀의 단물을 맛보았습니다. 작은 꽃들이 소복하게 모여 한 송이 꿀풀을 이루던 모양이었는데, 그중 한 개를 쏙 뽑아 올려 입으로 빨면 단물이 나오는 것이었어요. 보랏빛 꽃에서 꿀이 나오다니, 참 신기하게 여겼던 기억이 떠오릅니다.

꿀풀은 한 송이에 잔 꽃송이들을 많이 가진 야생화입니다. 수많은 꽃잎들이 꽃송이의 아랫부분에서부터 송송송 보랏빛으로 피어오릅니다. 이름도 참 이쁘다는 생각이 듭니다. 생김새와 향기와 사람과 어울리는 역할에 조화를 이룰 수 있도록 이름을 참 잘 지어준 조상님들의 지혜가 엿보인다고 생각했습니다.

자연의 품 안에서 살아가는 인간으로 풀들의 모습은 나의 스승으로 다가옵니다. 해마다 꿀풀이 꽃 피기 시작하는 오월이 되면 어린 시절 친구의 목소리와 꿀풀을 바라보던 어린 나의 모습이 생각납니다. 그리운 어린 시절입니다.

가을의 손짓, 여물어가다

형산강변 억새풀과 하얀 물새들

―――

추석 무렵이면 억새가 은빛으로 꽃을 피웁니다. 처음 피어날 때의 순수한 청결함을 지니고 은빛과 붉은빛이 감도는 솜털을 살며시 내밀어 쭉쭉 위로 솟으며 키가 큰 억새풀을 보면 "아, 가을이 왔구나! 곧 추석이고 보름달 둥근 얼굴과 가족들의 얼굴을 만나겠구나!"하는 생각이 가장 먼저 떠오릅니다.

한 가지에서 소중한 인연으로 태어나 가족이란 이름으로 생활하고 어른이 되어 타지로 공부하러 떠나가고 각자 다른 집으로 생활 터전을 옮겨 자신의 삶을 영위해나가는 인생의 길목에서 계절이 바뀌고 있음을 느끼게 해주는 억새풀을 볼 때마다 '아름다운 마무리'를 생각하게 됩니다. 제 자리에서 그때그때 자기 자신이 해야 할 도리와 의무와 책임을 다하는 것이 아름다운 마무리라고 이야기해주고 지금은 사람들의 마음속에 별이 되어 빛나는 어느 스님의 목소리가 생각납니다.

형산강 강변에서 하얗게 피어나는 억새풀과 강물에 긴 다리를 박고 있는 하얀 물새 떼들을 바라보며 각자의 제 자리에서 철에 맞게 해야 할 일을 하고 아름다운 마무리를 해야 함을 생각합니다. 삶의 굽이굽이 마다 필요한 일들을 묵묵히 해 나가며 잘 영글어 가야 함을 생각하는 시간입니다.

단풍 드는 벚나무와 마라토너 할아버지

———

　새로운 산책길을 찾아 예전에 가보지 않았던 길을 걷는 것은 새로운 발견과 생각의 시간을 가질 수 있게 합니다. 산길과 오솔길과 동네의 아스팔트길, 산림연구원의 산책길, 왕릉이 있는 소나무 산길, 잔디가 깔린 운동장, 어디든지 시간이 나면 생각하며 걷는 일의 기쁨을 만들어 갑니다.

　하늘 높아지고 풀들이 누렇게 변해가며 벼들이 알알이 익어가는 계절이면 벚나무도 빨간 잎, 노란 잎으로 곱게 얼굴을 바꿉니다. 인도에 떨어진 빛 고운 벚나무 단풍을 보며 시민공원을 자주 걷습니다. 호수의 연꽃과 풀들, 토끼풀 무더기, 금잔화 무리들, 씨앗을 까맣게 달고 있는 꽃들을 보며 걷습니다.

　계절의 흐름을 자연에서 봅니다.

　2020년의 가을에는 새로운 산책길로 시민공원에 자주 가보았습니다. 늘 정해진 시간에 은빛 머리를 뒤로 묶고 마라톤 선수의 복장으로 달리기를 하며 나타나는 한 할아버지를 만났지요. 청년 할아버지라는 생각을 합니다. 다리의 힘찬

근육과 일정한 속도로 달리기를 하시는 모습이 참 멋있어 보입니다. '아모르 파티'라는 노래의 가사가 생각나더군요. "나이는 숫자, 마음이 진짜"라며 노래하던 어느 가인이 생각났지요. 마음은 이십 대 청년의 모습으로 달리시는 은발의 노신사 마라토너, 참 멋있습니다.

내가 어떻게 할 수 없는 것은 그대로 두고 내가 오늘 할 수 있는 일을 전심으로 하는 사람, 참 멋집니다.

걷기를 좋아하는 제 마음에 어느 날 조금 달려보고 싶은 생각이 들었습니다. 걷다가 달리다가 나의 속도에 맞추어 운동을 시작하였습니다. 요즘은 마라톤에 출전해 보고 싶다는 새로운 희망을 품게 되었습니다. 환경을 소중히 여기며 한발 한발 걷기를 계속하고 싶습니다.

누런 들판과 기차 건널목

―――

　벼들이 누렇게 익어 인사하듯이 고개를 숙이고 간간이 부는 가을바람에 이리저리 여유롭게 흔들리는 모습은 점잖게 웃음 지으시는 농부의 모습을 만나는 듯합니다. 마지막 가을빛에 알알이 여물어가는 들판을 바라보면 가슴 가득 풍성한 기쁨이 차오릅니다.

　여든여덟 번이나 되는 농부의 발자국 소리를 듣고 자란다는 벼의 이야기를 들려주던 한 농부의 목소리가 생각납니다. 그만큼 정성과 관심과 보살핌이 필요하다는 이야기겠지요. 인간이 할 수 있는 일은 온 정성을 다하고 그다음의 일은 자연이 키우는 것임을 가을 들판은 말해주는 듯합니다.

　일터에서 돌아오는 저녁 시간, 벼들이 가을의 마지막 따가운 햇살을 벼알곡에 스며들도록 노력하는 누런 들판을 바라보며 집으로 향합니다. 왼편의 황룡사지를 바라보며 오른편에는 벼가 익어가는 들판을 지나 기차 건널목을 건넙니다. 가끔은 기차가 지나가는 시간과 겹치는 때도 있지요. 그럴 때는 자동차를 멈추고 건널목에서 기다리기도 합니다.

기차가 동화처럼 지나가는 것을 바라봅니다. 어릴 적 기차가 지나가는 것을 보는 것은 얼마나 신기했던지요.

노란 황국과 공검지

국화향은 마음을 차분하게 만들어 주는듯합니다. 국화꽃을 만지면 손에도 국화향이 묻어납니다. 나는 그 향기를 맡는 것을 좋아합니다.

오랜 세월 동안의 생활 터전이던 경북의 문경지역에는 나지막한 야산을 많이 볼 수 있습니다. 출퇴근길에 지나던 공갈못 연못인 공검지를 지나면 야트막한 야산이 나옵니다. 옛 노래로도 남아있눈 공검지를 자주 지나다녔습니다. 가끔씩 흥얼거려보기도 하는 노래가 생각납니다.

"상주 함창 공갈못에
연밥 따는 저 처자야
연밥 줄밥 내 따줄게
우리 부모 섬겨주소."

넓은 들이 있고 예전부터 곡창지대로 사람들이 따스하게 모여 살던 곳입니다. 들판이 시작되기 전 얕은 야산도 군데군데 있습니다. 그곳에는 가을이 시작될 무렵이면 반갑게 만날 수 있는 노란 황국의 무리들이 많이 피어납니다.

한여름의 기세 좋게 씩씩하던 폭염이 지나고 서늘한 기운이 공기 속에 스며있고 하늘이 어느새 높아진 듯 느껴지는 계절이면 산기슭 어디선가 노란 꽃송이들이 이곳저곳에 나타나기 시작합니다. 야산의 언덕에 자연스럽게 피어나는 황국입니다. 연약해 보이는 꽃얼굴과 잎새이지만 야생에서 자라나는 국화이기에 줄기와 잎은 탄탄하고 건강한 모습입니다.

가을의 맑은 기운 속에 피어나는 황국을 보면 마음도 또한 밝아집니다. 우리나라의 산천에 자연스럽게 피어나 서리 내리기 전 자연을 향기롭게 만들고 덩달아 사람들의 마음도 향긋하게 만들어 주는 노란 황국을 특별히 좋아합니다.

햇살 따사로운 가을 어느 날, 국화 꽃잎을 따서 말렸습니다. 가을 햇살 덕분에 향긋하게 마른 국화 꽃잎을 넣고 작은 베개를 만들었습니다. 가을의 향기를 겨울에도 만나고 싶어서였습니다. 무채색의 긴긴 겨울을 노란 황국의 추억으로 견디고 싶기도 했습니다.

연보랏빛 쑥부쟁이

———

바람 속에 서늘한 기운이 살짝 스며있는 초가을이면 산야의 여기저기에 연보랏빛 쑥부쟁이들이 자연스럽게 피어납니다. 여름의 폭염을 견딘 산천과 사람들에게 살며시 위안의 인사를 전하는 듯합니다.

연보랏빛 들국화를 볼 때마다 어릴 적 엄마를 따라 시장에 갔던 순간의 설레임이 생각납니다. 머리를 묶을 머리 방울을 고르는데 나는 분홍색과 보라색의 동그란 방울을 두 개 골랐습니다. 반짝이는 수많은 동그란 방울이 얼마나 예쁘게 보였던지요. 이제는 먼 옛날이 되었지만 해마다 우리나라의 산야에 피어나는 연보랏빛 들국화를 보면 어린 시절 엄마를 따라 시장에 갔던 기억과 엄마께서 사 주셨던 분홍빛과 보랏빛의 머리 방울이 생각납니다. 엄마의 사랑도 추억의 머리 방울 속에 따스하게 스미어 있습니다.

들국화는 청초하게 연약한 모습으로 보이지만 그 뿌리가 깊고 줄기도 단단하여 바람에 쉽게 꺾이지 않습니다. 야생화의 특징인 듯합니다. 야생의 자연에서 강건하게 자라기 때문에 스스로를 더욱 강하게 단련시킨 듯합니다. 온실에서 키우면 콩나물이 되고 온실 밖에서 키우면 콩나무가 된다는 어느 시구절이 생각납니다. 자신을 과잉보호하기보다 과감하게 자신을 야생에 드러내 놓기, 그리하여 스스로 자신의 내면을 강하게 만들기, 그리고 주변에 은은한 향기를 퍼뜨리는 꽃 같은 사람이 되고 싶다는 소망을 품게 하는 들국화의 연보랏빛 얼굴입니다.

가운데 태양같은 노란 원이 있고 그 원을 중심으로 동그랗게 연보랏빛 꽃잎들로 둘러싸며 피어나는 들국화, 한 떨기 청초한 연보랏빛의 들국화를 보면서 강약을 겸비한 모습으로 살라는 의미를 건져 올립니다. 참으로 나의 주위에 있는 자연이 바로 나의 스승이 될 수 있음을 다시 느끼며 산책하는 나의 발걸음을 계속 진행합니다.

황룡사지와 맨발로 걷는 회색 외투의 여인

———

늘 가던 길로 산책을 나서다가 어느 순간에는 새로운 길로 가고 싶어집니다. 새로운 풀들과 길과 공기와 나무들을 만나고 느끼고 싶어집니다.

2020년의 어느 여름날, 태풍이 심하게 몰아치던 출근길이었습니다. 무서울 정도로 몰아치는 비바람에 신호등도 떨어져 나가 덜렁거리고 큰 상자가 도로 한복판에 비바람에 휩쓸려 나뒹굴기도 하던 날이었지요. 지하도에 물이 차올라 위험하여 차들의 출입을 막으려고 출동하던 시청 사람들도 보였습니다. 가던 길이 막히고 다른 길을 찾아 조심조심 운전하며 일터로 출근하던 날이었습니다.

선덕 네거리를 지나자 지하도가 또 막혔습니다. 돌아서 직진하여 가다 보니 자동차의 네비게이션 안내판은 다른 차도를 안내해 주었습니다. 처음 가 보는 길이었습니다. 그곳은 오래된 옛날 기차 건널목을 지나고 황룡사지를 오른편에 두고 지나는 길이었습니다. 그때부터 황룡사지와 친근해지기 시작했습니다. 출근할 때도 이 길을 선택했습니다. 퇴근할 때도 이 길로 다니기 시작했습니다. 차량의 통행량도 많지 않고 고즈넉한 황룡사지를 차창으로 바라보며 출퇴근하는 기분도 좋았습니다.

천 년 전의 절터라고 생각하니 새로운 마음이 들었습니다. 왠지 정이 더 가는 것이었습니다. 그래서 점심시간에는 가벼운 도시락을 싸 와서 황룡사지에서 먹기도 했습니다. 휘휘 늘어진 버드나무가 바람에 가벼이 그 머리카락을 흔드는 모습을 보기도 하고, 황룡사지의 절터에 남아 있는 오래된 돌과 기와의 흔적을 보며 걷기도 했습니다.

그러던 어느 날, 늘 일정한 시간에 회색 외투를 걸친 한 여인이 부지런히 걷는 모습을 보았습니다. 가까이 다가가 보니 맨발로 걷는 여인이었습니다. 그 이후 한동안 마사토로 된 흙길을 맨발로 기도하며 걷는 듯한 여인의 모습을 늘 일정한 시간에 만났습니다. 그 여인의 간절한 표정과 정성스럽던 걸음걸이와 일정한 시간에 늘 나타나 정성껏 걷던 모습이 오랫동안 마음속에 새겨졌습니다.

간절히 뭔가를 갈망하며 걷던 회색 외투의 여인, 천년의 세월을 지나 돌로 된 흔적을 남기고 많은 이야기를 전해주는 듯한 황룡사지, 자연의 태풍이 나에게 안내해 준 새로운 길이 된 황룡사지. 지나간 여름 용감했던 태풍이 전해준 자연의 소중한 선물이라 생각하며 요즘도 가끔 황룡사지를 찾아갑니다.

주홍빛 감이 열리는 마당

———

나에게는 듬직하고도 자랑스러운 남동생이 있습니다. 그 남동생네 가족들이 경북 상주시에서 조금 떨어진 조용한 시골 마을의 전원에 예쁜 주택을 짓고 살던 시절이 있었습니다.

그 마당에는 감나무가 세 그루 있었습니다. 봄날에 연둣빛으로 반짝이며 돋아나는 감나무 잎새와 여름이면 초록으로 열리던 조그만 감들과 가을바람에 서서히 주홍빛으로 물들어가던 감들과 예쁜 색깔로 물들어가며 떨어지던 큰 감나무잎들이 아름다운 전원의 포근한 집이었습니다.

가을이면 가족들이 주말에 시간을 내어 함께 감들을 따고 그 감을 가족들이 함께 깎고 줄에 주렁주렁 매달아 청명한 가을 햇살과 맑은 바람에 말리는 모습도 참 아름답습니다. 감은 가족들이 함께 모여 장대로 따고 깎아 말리며 곶감을 만드는 여러 작업을 함께 하도록 연결해주는 따스한 과일이라는 생각이 듭니다.

그 주황색과 주홍색의 감 색깔이 참 예쁩니다. 어느 해인가 주황색 옷을 많이 산 해가 있었습니다. 티셔츠도 주황색, 점퍼와 신발도 주황색으로 준비를 했습니다. 감빛을 너무 좋아해서 온통 주황색이 눈에 들어오던 그런 시절이 있었습니다. 홍시의 빛깔도 좋아하던 시절이었습니다. 마음이 따스해지고 달콤해지며 흐뭇해지는 시간이었습니다.

가을비와 화려한 낙엽

———

　여름의 화려한 꽃들과 무성한 잎사귀들은 가을하늘이 높아지고 서늘한 소슬바람이 불어오기 시작하면 나무와의 작별을 준비합니다. 함께 봄, 여름, 가을을 보냈던 나무와의 작별, 나무의 겨울나기를 준비하기 위한 단호한 작별 전 나뭇잎들은 화려한 빛깔로 아쉬움을 준비하는 듯합니다.

　어느 가을날 퇴근하던 길이었습니다. 불어오는 바람에 붉은색, 노란색, 갈색의 나뭇잎들이 와르르 떨어져 자동차 위로 쏟아지는 것이었습니다. 바로 가을의 선물이었습니다. 바람이 전해주는 가을의 예쁜 빛깔 낙엽들을 한가득 받고 행복해졌습니다.

　산책길마다 만나게 되는 사계절의 다양한 빛깔과 공기와 풀과 나무들을 만나면서 그들에 스며있는 이야기에 귀를 기울이고 저마다 향기가 다른 아름다움을 세상에 보내는 자연의 선물에 감사하는 마음을 갖게 됩니다.

　가을비가 오면 더욱 풍성하게 떨어져 나무 아래 쌓이는 낙엽들을 보면서 가야 할 때와 아름답게 가는 길의 모습을 배우게 됩니다. 해마다 가을이면 떨어지는 낙엽들을 만나면서 마음도 따라서 숙연해집니다.

가을배추와 시장 좌판의 농부 아주머니

————

가을배추의 시원한 맛을 좋아하는 가족들을 생각하며 해마다 가을이면 배추를 사러 전통시장에 갑니다. 노란 배추속과 겉의 시퍼런 잎사귀까지 모두 먹을 수 있는 가을배추.

가을 찬바람에 속이 꽉 차고 여물어가는 배추의 마음을 생각해봅니다. 배추가 만났을 여름의 햇살, 가을바람, 비와 흙의 내음새, 농부의 발자국 소리들……. 이 모두를 버무려 속을 차곡차곡 키워나갔을 배추의 마음을 그려봅니다.

배추를 키워 시장에 가져 온 농사꾼 아주머니의 순박한 표정에서 자연의 순리를 따르는 마음을 읽습니다. "배추를 기른 건 자연입니다."하는 표정, 착하고 부지런하고 순박한 표정으로 배추를 내놓고 있는 시장 노점의 아주머니 모습은 자연과 하나가 된 듯합니다.

하늘과 바람과 비와 흙의 정령들이 정성을 다해 의논하고 키워냈을 배추. 길 가 노점에 푸른 비닐을 깔아놓고 가지런히 배추를 무더기로 쌓아놓은 모습을 보며 자연의 예술품을 만납니다. 자연이 두런두런 이야기해가며 키워냈을 배추 한

포기에서, 그 안에 온 우주가 들어있음을 새삼 느끼며 감사하는 마음을 가집니다.

경상도 지역에서 가을이면 흔히 해 먹는 배추전을 먹을 수 있는 기쁨도 함께 합니다. 시원하고 섬유질도 많아 사람을 이롭게 하며 아삭아삭 맛있는 소리도 함께하는 배추의 모습에서 나의 삶도 조용히 자연을 닮은 모습으로 제 자리에서 작은 일들을 하나씩 하나씩 완성해가며 잘 익어가고 싶다는 생각을 합니다.

가을운동회와 고구마 그리고 할머니

초등학교 사학년 시절 가을이었습니다. 어느 맑고 따사로운 가을날이었습니다.

맑고 개운한 햇살이 운동장에 환하게 부서지던 날, 꼬마들이었던 우리는 모두 운동회의 흥겹고 들썩이는 분위기에 젖어 마냥 웃으며 운동장을 뛰어다니고 과자를 먹으며 같은 반 친구들과 모여 응원을 하며 모여 있었습니다. 선생님들도 평소에는 쓰시지 않던 모자를 쓰고 계셨던 모습이 떠오릅니다.

플라타너스 나무들이 우람하게 교정에 자리 잡고 있었던 정경도 생각납니다. 그 그늘에 친할머니께서는 손자 손녀들을 보러 구경나와 계셨습니다. 그 당시에는 학교 운동회가 동네 어르신들의 기분 좋은 모임이 되고 정담을 나누시던 사랑방도 되고 어린 손자들을 응원하는 구경거리가 되기도 했습니다.

친구들과 옹기종기 모여 달리기 시합을 하고 난 후 숨을 고르며 할머니를 찾아갔습니다. 환히 웃으시며 반겨주시던 우리 할머니, 삶아오신 고구마를 하나씩 건네주셨습니다. 할머니의 손길이 닿은 고구마, 달고도 노란 고구마는 얼마나 따스하게 느껴졌던지요.

긴 세월이 지난 요즈음, 봄이나 가을이면 시장에서 고구마를 사 와서 삶아 먹기도 합니다. 고구마를 삶으면서 나는 달콤한 수증기 속에는 어린 시절 나를 응원해주시던 할머니의 미소와 그 어린 시절 운동회 때 할머니께서 건네주시던 추억의 고구마 맛이 되살아오면서 행복한 추억에 잠기게 됩니다.

은행나무 가로수가 반기던
부석사에 두 보물단지들과

———

은행잎이 환하게 노란빛으로 치장하는 가을, 어느 햇살 맑은 가을날, 어린 두 보물단지들을 데리고 부석사 가는 길에 올랐습니다.

입구에 환한 등불을 켜고 있던 은행나무들, 길 위에 환하게 떨어져 쌓여있던 노란 은행나무잎들. 그때 우리를 기쁘게 활짝 맞이해주는 듯한 참 좋은 느낌을 받았습니다. 어린 두 보물들을 환하게 맞이해주던 부석사의 노란 은행나무들이 지금도 기억 속에 노란 창을 환히 불 밝히고 있습니다.

첫째는 아빠의 손잡고 걸어 올라가고 둘째는 엄마의 등에 업혀서 걸어 올라가던 환한 길, 안양루에서 바라보면 굽이굽이 펼쳐지던 소백산맥 산등성이의 모습들이 수묵화처럼 아스라이 펼쳐지던 정경이 생각납니다. 가까운 산은 짙은 빛으로 멀어질수록 연한 색채로 산줄기들이 서로 연이어 달리던 전경이 눈에 선합니다.

절집을 찾을 때마다 마음이 차분해지고 생각의 줄기를 잡을 수 있을 듯합니다.

"종교는 인간이 보다 지혜롭고 자비롭게 살기 위해 사람이 만들어 놓은 '하나의 길'이다."라고 하신 어느 스님이 생각납니다.

인간의 심성 중에 지혜를 향하는 마음, 자비를 실천하고자 하는 마음이 자리 잡고 있음을 느끼며 모든 종교의 보편성을 느끼게 됩니다.

보물처럼 우리에게 찾아온 어린 생명들이 슬기롭고 지혜롭게 잘 성장하고 자신의 주변을 자비로운 세계로 만들어 나가며 선한 영향력을 발휘하기를 기원하는 길이기도 했습니다.

가을 햇살과 타작하는 농부님

―――

여름의 위대한 태양이 다소 힘을 잃고 맑은 느낌으로 가늘어진 가을날, 여름날의 무더위를 가져오던 습기가 보송보송하게 변하고 청명한 투명함으로 바뀌는 계절인 가을이 다가온 어느 날 퇴근길이었습니다.

비스듬한 가을 햇살을 받으며 들에서 타작하는 농부님을 보았습니다. 밀짚모자를 쓴 모습으로 커다란 기계를 몰면서 넓은 들판에서 홀로 타작하는 모습이었습니다. 공기 중에 날아가던 벼의 검불들, 자루에 차곡차곡 담아지던 벼나락들, 봄부터 모내기를 하고 여름의 태풍을 견디고 가을이 되어 긴 긴 시간의 노력을 거두어들이는 한 해의 농사 모습이 숙연하게 보였습니다.

길옆에는 가을 기운 속에 코스모스가 하늘 하늘거리며 피어 있었고, 타작하는 농부의 주위에는 둘레길을 따라 자전거로 산책하는 사람들도 보였습니다. 하나의 커다란 그림처럼 보이는 풍경이었습니다.

밥을 만드는 고귀한 작업이 들판에서 이렇게 이루어지는

순간을 만난 소중한 시간이었습니다. 왼편에 황룡사지를 두고 지나며 오래된 철길건널목을 지나고 집으로 돌아오던 길이었지요. 가끔은 기차가 지나가는 것을 만나는 운 좋은 순간도 있습니다. 추수하는 들판의 농부님과 오래된 기차 건널목을 지나 다소 한가한 도로를 따라 퇴근하는 길과 고려 왕건과 신라 경순왕이 만나서 이야기를 나누었다는 동궁과 월지를 지나며 집으로 돌아오는 길은 마음이 따스해졌습니다.

돌아오는 길에 생각에 잠깁니다. 내가 먹는 한 끼의 밥이 여러 모르는 사람들의 노력으로 이루어지고 있다는 사실을 타작하는 농부의 모습을 보며 더욱 절실히 체감하게 됩니다. 사람의 삶은 서로 서로 밀접하게 연관되어 있음을, 그리하여 온 나라가 나아가 온 세계가 하나의 가족으로 인연을 맺으며 살아가고 있다는 사실을 생각하게 됩니다.

따스한 한 공기의 밥을 저녁으로 먹으며 그 숭고한 일을 가능하게 한 여러 사람들의 손길을 생각하고 저녁 산책 후에는 가을날의 시 한 수를 찾아 읽어보았습니다.

가을날

라이너 마리아 릴케

주여, 때가 왔습니다.
여름은 참으로 위대했습니다.
당신의 그림자를 태양 시계 위에 던져 주시고,
들판에 바람을 풀어놓아 주소서.

마지막 열매들이 탐스럽게 무르익도록 명해 주시고,
그들에게 이틀만 더 남국의 나날을 베풀어 주소서.
열매들이 무르익도록 재촉해 주시고,
무거운 포도송이에 마지막 감미로움이 깃들이게 해 주소서.

지금 집 없는 사람은, 이제 집을 지을 수 없습니다.
지금 홀로 있는 사람은 오래오래 그러할 것입니다.
깨어서, 책을 읽고, 길고 긴 편지를 쓰고,
나뭇잎이 굴러갈 때면, 불안스레
가로수 길을 이리 저리 소요할 것입니다.

시들어가는 가을 국화와 그녀의 목소리

———

"꽃은 시드니까 참 보기 싫다, 그죠?"

어느 날, 찬 서리에 시들어진 가을 국화 옆에서 한 친구가 말했습니다. 누구나 예쁘고 크고 오래 지속되고 영양가 높은 것을 선호하는 자본주의의 세계에 살고 있음을, 나 또한 그 세계에 속해 살아가고 있음을 모르지 않지만 잠시 생각에 잠겼습니다.

세월의 훈장, 주름과 눈동자의 혼탁해짐, 어깨의 통증과 관절의 약해지는 상황을 겸허히 받아들여야 하는 시간 앞에 서서 생각합니다. 시들어야 다시 피어나는 순간을 함께 할 수 있는 것이지요. 꽃과 쓰레기는 한 몸, 하나의 인연, 윤회, 함께 도는 세상, 우리 모두는 서로 연결되어 있음을 느낍니다.

누구에게나 연두의 시절인 새싹이었을 때가 있고, 성장을 꿈꾸며 하늘 향해 두 팔 벌리던 초록 여름이 있었을 것이고, 가을의 단단해짐과 성숙, 겨울의 침묵과 비움의 시간이 있었을 테니까요.

먼 옛날 우리 인간의 선조들이 살았던 고대문명으로부터 불로장생과 영원을 추구하는 인간의 소원이 있었지만 내가 떠나주어야 후손의 터전이 여유 있는 것, 우리 조상들이 영원했으면 나도 없는 것 아닌가 하는 생각을 합니다.

시드는 것, 떨어져 내리는 것, 빈 들녘의 가을바람, 무서리 내리는 텅 빈 들판, 받아들이는 연습을 합니다, 한 송이 시들어가는 국화꽃 옆에서. 그 안에 봄의 다사로운 햇빛이 스며있음을, 꿈꾸는 봄날의 생명의 봄비도 스며있음을 생각합니다.

가을 냇물과 청둥오리 노란 부리

———

맑은 가을하늘과 투명한 햇살, 약간 누렇게 빛이 바래 가는 풀잎들, 빛깔 곱게 물들어가는 벚나무길을 건너 공원에 산책하러 자주 갑니다.

강변을 죽 따라 이어지는 산책길을 걷다가 어느 날 보았습니다.

청둥오리 두 마리가 나의 발걸음을 느끼고 유유히 강물을 헤엄쳐 강 중심으로 나아가던 모습을 보았지요. 그들의 부리가 노랗게 빛나고 있는 것을 언뜻 보았어요. 이네들의 입이 선명한 노란색이구나 처음 보았습니다.

조금 더 걷다 보니 또 다른 녀석들 네 마리가 모여 있었어요. 헤엄쳐 나가는 뒤에 죽 이어지는 물살의 모양, 고개를 똑바로 든 그들의 당당한 모습이 눈에 들어왔지요. 이 강에는 모두 여섯 마리가 지내고 있다는 것을 알았습니다. 고요한 강물과 그들 뒤에 그려지던 물살의 모양.

그러나 보이지 않는 물밑에서는 얼마나 치열하게 물 위에 뜨기 위해 발짓을 하며 노력하고 있을까 생각하면서 평화롭

기만 한 그들의 우아한 몸짓을 한참 바라보았습니다. 눈에 보이는 것만이 그들의 참모습이 아니라 보이지 않는 것들의 의미 있는 몸짓들에 대해서도 생각을 하게 된 산책길이었습니다.

차창 위에 후두둑 떨어지는 낙엽

———

나무의 선택이 결연하게 돋보이는 가을입니다. 단호하게 나뭇잎을 떨구고 내부로 중심으로 뿌리로 본질에 집중하며 겸허하게 내려가겠다는 단호한 결심이 눈에 보이는 계절은 가을이라는 생각이 듭니다.

연두의 어린 생명의 시절이 봄을 지나 여름의 초록 물결을 이루며 성숙해가고 가을의 열매와 결실의 계절을 거쳐오며 이제는 겨울을 준비하며 단호하게 작별해야 하는 시간임을 알고 겸허해지는 순간이라는 생각이 듭니다.

어느 날 출근길 가을바람이 시원하게 불어오던 순간, 차위에 후두둑 큰 소리를 내며 떨어져 내리던 무수한 낙엽을 보았습니다. 가야 할 때를 알고 단호하게 실천하며 자신의 선택을 실행에 옮기던 나무의 모습을 봅니다. 머뭇거리다가 기회를 놓치는 순간, 자연스러운 결단을 현명하게 내려야 하는 순간이 얼마나 많은지 반성하게 되는 순간이었습니다.

도토리묵과 엄마

———

　도토리묵을 좋아하시는 우리 엄마가 계십니다. 그래서 가끔 찾아뵙는 길에 마트에서 장을 보면서 우유와 쇠고기와 달걀, 가지, 오이, 애호박, 미역 줄기, 오이맛 풋고추, 요거트, 가는 비스킷 등 엄마가 특별히 좋아하시는 것들을 사서 바구니에 담습니다. 그리고 심심하실 때 드시라고 사탕 두 봉지를 사고 꼭 도토리묵을 한모 삽니다.

　말랑말랑한 갈색의 도토리묵을 바라보면 다람쥐의 눈과 두 손과 도로록 말려 올라간 귀여운 꼬리가 생각납니다. 도토리의 귀여운 모양과 그 단단함과 속껍질의 엷은 막이 생각납니다. 도토리가 열리는 굴참나무의 키 큰 모습과 수많은 나뭇잎들을 가지에 풍성하게 달고 시원스레 하늘 향해 뻗어 올라가는 모습도 함께 떠오릅니다.

　엄마께서 좋아하시는 음식이 무엇인지 미처 관심을 두지 못했었는데, 어느 날 엄마께서 말씀하셨어요.

　"난 도토리묵이 참 맛있단다. 금방 쑤어 놓은 따끈한 도토

리묵이 얼마나 맛있는지 몰라. 이 마트에서는 직접 묵을
쑤어서 판단다."

그 말씀을 듣고 얼마나 죄송했던지요. 어머니께서 좋아하
시는 음식이 무엇인지, 무슨 맛의 사탕을 좋아하시는지, 어
떤 빛깔의 옷을 즐겨 입으시는지 세심한 관심을 갖기 시작
했습니다.

우리 엄마는 미역 줄기 볶음을 아주 좋아하십니다. 하얗
게 소금으로 범벅이 된 모습으로 채 썰어 나오는 미역 줄기
를 물에 담궈 소금기를 빼고 먹기 좋은 길이로 썰어 들기름
을 두르고 볶아 낸 미역 줄기 볶음을 즐겨 드십니다. 상추 겉
절이와 어린 배추 겉절이에 된장찌개와 함께 드시는 것을
좋아하십니다. 시금치나물도 특별히 좋아하시지요. 미나리
나물과 가지나물도 좋아하십니다. 쇠고기도 가끔씩 즐겨 드
십니다.

도토리묵을 좋아하신다는 이야기를 듣고 자세히 엄마께
서 좋아하시는 음식을 살펴보았지요. 시장 볼 때마다 이제
야 당신이 좋아하시는 음식의 이야기를 가만히 속삭여주시
던 엄마가 생각납니다.

예전에 우리 입에 먹을 것을 넣어주시던 엄마의 손길을
생각하며 이제는 엄마께서 무엇을 좋아하시는지 따스한 시
선으로 헤아리고 싶습니다. 엄마께서 맛나게 잘 드시는 음

식이 무엇인지 관심 가지며 새로운 좋은 음식도 권해드리고 싶어집니다. 엄마를 생각하며 시장 보는 시간이 참 좋습니다.

바다의 향기 스며있는
부산 자갈치 시장과 생선들

———

바다가 멋있는 부산으로 주말여행을 자주 갑니다. 산과 들에 이른 봄이 시작되는 무렵이나 늦가을의 부산 풍경은 마음속에 늘 자리 잡고 있습니다. 내륙에서 주로 생활하는 편이라 부산의 바다는 늘 신선하게 다가옵니다.

모처럼 자동차 운전을 하지 않고 신경주역에서 KTX 기차를 타고 갑니다. 운전을 하지 않을 때의 마음의 홀가분함과 두 손의 자유로움을 느끼며 차창 밖의 풍경을 보기도 하고 아무런 생각을 하지 않고 그저 자유로운 공기를 마시며 수고한 나 자신에게 휴식을 주는 시간을 가집니다.

부산역에 도착하여 승객대기실을 향해 오르는 에스컬레이터에 서면 바다를 품은 공기의 향기가 내륙과는 다르게 느껴집니다. 물비린내에 섞여 있는 생선 냄새와 짭조름한 냄새가 친숙하고 반갑게 확 다가옵니다.

분주한 발걸음을 옮기는 수많은 사람들의 물결 속에 섞여 자갈치 시장을 찾아갑니다. 가족들이 생선을 아주 좋아하는 편이라 자주 찾아가는 자갈치 시장입니다. 여러 가지 생선들이 널려있는 자갈치 시장은 삶의 활기를 느낄 수 있어서 참 반갑습니다. 생선들을 구경하는 것을 좋아하고 사 와서 요리하는 것도 즐기고 있지요.

부산을 들를 때마다 신선한 고등어와 갈치와 문어를 자주 사 옵니다. 하얀 박스에 얼음을 깔고 싱싱한 생선을 사서 넣어 들고 옵니다. 지하철을 타고 부산역에 와서 집으로 돌아오는 기차를 타고 좌석에 앉으면 마음은 부자로 변하고 있습니다. 국민 생선이라고 할 수 있을 정도로 두툼한 살과 영양가 풍부한 등푸른생선 고등어는 어린 시절부터 먹어 온 향수의 음식입니다.

어린 시절 열한 살 무렵의 겨울 어느 날이었습니다. 아련한 기억 속에 저녁 반찬으로 고등어구이를 해 주시던 아버지가 계셨습니다. 바짝 구워져 더욱 고소했던 고등어구이의 맛과 아버지의 얼굴과 목소리가 스쳐 지나갑니다.

자갈치 시장의 공원에서 배들이 물살을 하얗게 가르며 항구에 들어오는 모습과 통통거리며 들어오고 나가는 작은 배들을 보면 어딘가 내가 알지 못하는 곳으로 떠나고 싶은 이국에의 향수와 낯선 길거리와 새로운 음식, 다른 언어를 사용하는 낯선 사람들을 만나러 떠나고 싶은 여행을 동경하게 됩니다.

부산에 갈 때마다 좋아하는 싱싱한 생선을 손에 들 수 있을 만큼 가득 사 올 수 있고, 먼 곳에의 향수를 다시 꿈꾸며

푸르른 바다 저 멀리 무한한 시원함과 미지의 세계에 대한
꿈을 꿀 수 있어서 참 좋습니다.

늦가을 콘서트와 밤하늘의 초승달

―――――

늦가을 어느 날 창원에서 열리는 콘서트에 간 적이 있습니다. 밤에는 제법 기온이 내려가기도 하는 늦가을이라 겨울에 입는 두툼한 패딩을 준비해 간 여행길이었습니다. 가을밤의 콘서트, 중년의 오빠 부대와 형님부대들이 자녀들과 함께 오기도 하고 친정엄마를 모시고 온 중년의 따님도 볼 수 있었던 콘서트였지요. 모두 웃으며 모여들던 창원에서의 공설운동장 콘서트 현장이었습니다.

일상에서 잠시 벗어나 스토리 텔링과 함께 진행되는 콘서트에 관객으로 참여하면서 함께 몰입하고 큰소리로 노래하며 떼창도 하고 열정적인 마음을 발산 할 수 있는 시간을 정다운 인생의 벗과 함께 가지면서 후련한 기분을 느꼈습니다. 관객과의 친밀한 분위기를 만들기 위해 이동식 무대로 노래를 부르며 관객들에게 가까이 다가오는 퍼포먼스 시간이 있었습니다. 무대로부터의 거리가 점차 좁혀지면서 관객들은 더욱 기쁘게 떼창을 하고 야광 응원봉을 흔들어 박자를 맞추고 야광 머리띠를 하고 청소년들의 기분도 느껴보고 휴대폰 불빛을 켜서 별빛같은 조명 응원을 하였습니다. 중년의 오빠 부대와 형님부대들의 모습이 하나의 마음으로 어우러지면서 콘서트는 절정으로 향하여 가고 있었지요.

맑고 차가운 가을밤의 정취 속에 목청껏 노래를 부르고 난 뒤, 잠시 스토리 텔링 시간이 있었습니다. 그때 무대 위의 그 예술가 눈에는 가을밤의 초승달이 눈에 들어왔나 봅니다. 카메라 감독에게 밤하늘의 초승달을 잡아달라고 부탁을 하는 것이었어요. 관객들 모두 가을 밤하늘에 뜬 초승달을 볼 수 있었습니다. 가을밤의 분위기가 더욱 무르익는 순간이었습니다. 콘서트가 끝나고 모두 공설운동장을 빠져나오고 각자의 보금자리를 향해 돌아오던 길에도 맑은 가을 밤하늘에 뜬 초승달의 깔끔한 모습이 함께 따라오고 있었습니다.

한 예술가의 열정과 득음을 하기 위한 노력과 현재의 그 예술가가 있기까지 삶의 순간에서 다듬었을 시련과 고통과 기쁨의 순간들을 상상하며 무대 위의 열창을 오래도록 생각합니다. 온 마음을 다해 작사와 작곡을 하며 노래를 만들기도 하는 열정의 화신을 만나는 시간은 참으로 나의 내면의 기쁨을 크게 만들어 줍니다.

기타를 열정적으로 치는 모습을 보여주며 악기를 자유롭게 다루고 노래를 부르는 모습은 감탄을 자아냅니다. 어느 정도 경지에 도달한 듯한 예술가의 모습은 '사람이 참 아름답다'라는 생각을 하게 만듭니다. 사람이 간절하게 소망하고 열정적으로 노력할 때 도달할 수 있는 경지가 어디까지인지 가늠하기 어려울 정도라는 생각까지 들었습니다.

사람은 '인간의 체험을 하는 영적인 존재'라고 한 어느 구도자의 목소리가 떠오릅니다. 그 예술가가 한 아픈 소녀에게 불러 준 노래가 자아낸 힘과 감동의 물결은 참으로 인간의 삶이 어디를 바라보아야 하는지에 대한 지향을 고요히 생각하게 해 주었습니다.

가을밤, 콘서트가 벌어지던 창원의 넓은 운동장에서 밤하늘에 뜬 초승달의 모습을 생각해 볼 때마다 마음은 흐뭇함에 젖어 듭니다. 사람이 사람에게 감동일 수 있음을 말해 준 콘서트는 일상의 어느 순간, 홀로 거리를 걸을 때나 비가 올 때나 문득 가을이 왔음을 느낄 때, 나의 마음에 찾아와 흐뭇한 달빛을 뿌립니다.

남산의 가을, 햇밤을 건네주던 손길

    고대 국가 신라의 국가 정원이었을 경주 남산은 오르는 길이 참으로 많습니다. 여러 방향의 길로 오를 수 있고 오르는 길마다 다른 느낌으로 옛 신라의 향기를 느낄 수 있어 의미가 깊습니다.

    삼릉 가는 길의 소나무들은 늘어서 있는 모습들이 그곳을 찾아오는 사람들을 반기는 수호신처럼 신령스럽게 느껴지기도 하더군요. 비 오는 날이면 수묵화같은 그림이 펼쳐지기도 합니다. 물안개가 소나무 사이사이에 어린 모습은 마음을 신비스럽고도 차분하게 만들어 줍니다.

    새남산길에 위치한 나의 일터에도 아름다운 모습의 우람한 소나무들이 많이 자리하고 있습니다. 신라의 화랑들이 호연지기를 키우며 조국의 산천을 찾아 단련하였을 흔적들을 찾아 현장학습을 하는 곳이기도 합니다. 옛날의 기상이 오늘 이 터전에 자리 잡고 생활하는 청소년들의 마음속에 재현되고 있는 현장이기도 합니다.

    이곳에 일터를 잡고 생활한 첫 가을, 제법 장시간을 출장

근무를 해야 하는 시기가 있었습니다. 조용히 소리없이 자신의 일을 진중하게 처리해 나가는 행위로 별처럼 주변을 환히 밝히고 있던 한 분이 건네주는 작은 자연의 선물이 있었습니다. 진심 어린 격려와 작별의 선물이었나 봅니다.

"이 작품의 이름은 '남산의 가을'입니다."

그분의 친절한 목소리가 귓전에 여운으로 남아 있습니다. 가을이 되어 벌써 햇밤이 남산의 산자락에 열렸다는 이야기를 들려줍니다. 산길을 걸어가며 떨어지는 밤을 한톨 한톨 주워 담았다고 합니다. 작은 통에 햇밤을 하나 가득 담아서 나에게 건네주었습니다. 햇밤이라 어찌나 예쁘고 싱그럽던지요. 껍질이 짙은 고동색으로 반짝반짝 빛이 나더군요. 소중한 '남산의 가을'을 선물 받고 마음이 자연의 일부가 되는 듯했습니다.

주변의 자연을 세심하게 관찰하고 자연의 흐름을 읽고 적절한 시기에 아름다운 마음을 전하는 분을 만나고 자연과 더불어 살아가는 우리로서 계절이 주는 선물에 소박한 감사의 마음을 느꼈던 순간이 있었습니다.

조그만 일들이 사람을 감동하게 만듭니다. 자연스럽게 관심을 가지면 얼마든지 작은 친절로 주변을 기쁘게 할 수 있음을 배우게 됩니다.

달빛 소리에 잠 깬 밝은 달밤

———

2006년의 어느 가을이었습니다. 한밤중에 달빛이 너무나 환하여 잠을 깬 적이 있습니다. 창밖으로 보이는 모전공원의 넓은 공간이 환한 달빛으로 가득 차 있었습니다. 달빛이 어쩜 이리도 밝을 수 있는지요. 달빛에 책을 읽었다는 말이 사실로 가능한 일임을 문득 느끼던 시간이었습니다.

고요한 공원에 사람의 흔적이 아무도 없는 공간에 옛이야기들이 따스하게 흘러나올 것만 같이 달빛이 진하게 비치고 있었습니다. 한참을 아무런 말없이 달빛이 차지한 공원을 바라보았습니다. 공원은 고요함 속에 달빛만이 놀러 온 듯 풍요로운 모습을 하고 있었습니다. 전설 속의 이야기 주인공들이 달빛 아래 공원에서 나올 것만 같았지요. 어린아이가 된 마음으로 상상 속의 인물들을 떠올려 보았습니다. 옛이야기를 쓴 사람들은 아마도 달빛 속에서 그들의 상상력을 더욱 키웠으리라 짐작도 해 보는 순간이었답니다.

이태석 신부님이 사랑한 남수단의 어린이들이 달빛에 책을 읽고 공부를 한다는 이야기가 떠올랐습니다. 그토록 따스하고 환한 달빛이었습니다. 마음이 순해지고 사람들에게 좀 더 다정해질 수 있는 마음이 생기도록 이끄는 달빛이었어요. 그 달빛 속에 외할머니의 다정한 목소리와 엄마의 부드러운 미소와 목마를 태워 주시던 젊은 아버지의 모습도 떠올랐습니다.

경북 문경시에서 오랜 세월을 생활했지요. 고향인 상주에서 이십사 킬로미터 정도 떨어져 있는 아기자기한 조그만 시골 마을이었습니다. 그곳 사람들의 활기찬 정서와 문경새재길의 추억이 역사로 흐르고 있는 다정한 터전이었지요. 순박하면서도 활기찬 사람들과 일터에서 다정다감한 이야기들을 엮어나갔던 고장이 지금은 나의 인생 정원에서 한자리를 차지하는 추억의 마을이 되었습니다.

돌아보면 아득한 세월의 흐름 속에 아름다운 이야기를 전해주었던 벗들의 모습이 떠오릅니다. 새삼 감사한 마음이 드는 달밤이었습니다. 나도 세상에 나와 살면서 달빛처럼 스며들 수 있는 다정한 사람이 되고 싶은 시간이었습니다.

[겨울]

겨울의 고요, 단단해지다

ⓒ 조현숙

털목도리와 옛 친구, 희야!

———

빨강과 검은색을 좋아했던 내 친구, 희야!

찬 바람이 불고 낙엽이 뒹구는 가을이 되면 친구가 짜던 털목도리가 생각납니다.

우리 가정 선생님은 목도리와 조끼를 뜨개질하는 실습시간을 준비하셨지요. 어린 시절 나의 옆에서 끊임없이 다정한 목소리를 내던 한 친구는 빨간색과 검은색을 좋아하는 정열의 소녀라며 자신을 소개했었습니다. "이거 다 짜서 너 줄게."라며 한올 한올 대바늘로 목도리를 짜던 친구가 생각납니다. 검은색 털실과 빨간색 털실을 예쁘게 섞어서 세 번 감아도 될 만큼 긴 목도리를 완성한 친구였어요. 그 친구의 정성과 시간과 마음이 너무 소중하게 생각되어 감히 그 선물을 받을 수 없어서 살짝 거절했던 추억이 있습니다.

그릇 가게를 하시는 친구의 어머니 목을 따스하게 감싸주기를 바라면서 부드럽게 거절했던 기억이 아련히 되살아나는 순간이 있습니다. 찬 바람이 불어오고 뜨개질하는 취미를 가진 사람들이 시내의 털실 가게에 소복소복 모여들 무렵이면, 우리 꿈많았던 시절의 그 친구가 긴 목도리를 짜서 들고 내 마음의 창 앞에 와 있습니다. 친구의 반짝이던 눈동자와 목소리, 사슴처럼 긴 목을 지녔던 친구가 생각납니다.

어느새 나의 마음은 중학교 시절의 교실로 가 있습니다.

공동 우물가의 향나무와 외할머니

———

　예전에는 마을 한가운데 공동우물이 있는 곳이 많았습니다.

　외가집 마을에도 공동우물이 있었답니다. 동네 할머니들께서 모이셔서 이야기꽃도 피우시고 옆집에 숟가락이 몇 개인지 젓가락이 몇 개인지도 다 알 정도로 친밀한 정보가 오고 가던 옛날의 SNS 현장이었다는 생각이 듭니다.

　초등학교 삼학년 시절이었을 것입니다. 어느 겨울 햇살이 솜처럼 보드랍게 담장에 퍼지던 날이었습니다. 간밤에 내린 서리가 우물가의 향나무에 하얗게 내려서 동화 속 그림 같은 장면을 만들어내던 날이었어요.

　맑은 겨울날 아침, 가마솥에 직접 불을 때시며 해주시던 외할머니의 아침밥을 먹고 난 후, 아침 햇살이 찬찬히 퍼지던 무렵이었습니다. 우물가에 계시던 외할머니께서 그곳에 서 있던 향나무 가지를 하나 꺾어 저에게 건네주셨습니다. 간밤에 내려앉은 하얀 서리가 예쁘다며 작은 손가락 크기의 향나무 가지를 살짝 꺾어서 저에게 주시는 것이었어요.

"이것 봐, 참 예쁘지?"

　다정하게 말씀하시던 외할머니의 음성이 들리는 듯합니다. 기쁜 마음으로 받아든 짙은 초록색의 향나무 가지, 바늘처럼 손가락을 찌르기도 해서 살짝 조심하며 받아들었던 그 가지의 감촉이 아직도 손끝에 남아 있습니다.

　하얀 서리가 스르르 금방 녹아 사라지던 모습을 눈으로 자세히 바라보며 안타까운 마음이 들었던 어린 시절의 그 순간과 외할머니의 소녀 감성이 추억으로 남아 추운 겨울을 따스하게 감싸주고 있습니다.

외할머니와 누룽지 숭늉

———

가마솥에 밥을 하시던 외할머니, 예전의 대가족을 이끄시며 안방, 사랑방, 그리고 상방에 불을 지피시고 가족들이 손과 발을 씻을 물을 덥히시고 밥을 짓던 큰 가마솥과 국을 끓이시던 작은 가마솥의 우람한 모습이 생각납니다. 가마솥 뚜껑을 열때의 소리와 하얗게 피어오르던 김과 그 옆에 따스하게 엎어놓은 밥그릇도 생각나지요.

외할아버지께서 옮겨다 주시던 짚단과 가시나무단도 떠오릅니다. 짚불을 지피시기도 하고, 가시나무 말린 것으로 불을 때시기도 하던 할머니의 모습이 아련히 그립습니다. 두 분은 얼마나 다정하셨던지 서로 존경하며 아끼셨던 모습이 지금도 다시 새롭게 다가옵니다.

그 불 옆에 앉아 따스한 불의 기운을 아늑하게 느끼며 종알대던 나의 어린 모습도 다가옵니다. 밥을 지으시던 가마솥에서 향기롭게 뜸이 든 밥을 다 푸고 밑에 눌은 누룽지를 쌀뜨물을 받아서 다시 끓여주시던 할머니의 투박한 손이 생각납니다.

사랑에는 자신의 피와 눈물이 들어감을 이제 와 다시 절감합니다. 찬물에 손을 넣어야 하고 찬바람에 손이 트기도 하는 것이 사랑임을. 할머니의 사랑이 그러했음을 오랜 시간이 지난 후 지금에 와서 새삼 느끼며 다시 감사의 마음을 가집니다.

나의 마음에 몸의 세포 하나하나에 스며있을 외할머니의 고귀한 사랑에 깊이 감사하며 나도 이어가야겠다는 다짐을 합니다. 어느 인류학자의 '할머니 이론(Grandmother Hypothesis)'이 생각납니다. "할머니들이 아이들을 더 잘 보살피고 후대로 이어질 지식과 경험을 전하여 인간이 하나의 종으로 생존할 수 있게 했다."라고 설명하고 있는 이론에 공감하게 됩니다.

어린 시절 외할머니와의 추억과 그분이 만들어 주시던 음식과 하얀 쌀뜨물 누룽지와 그분의 보살핌과 사랑의 실천을 되새기며 더욱 생각해 보는 '할머니 이론'입니다.

산수유 노란 꽃과 겨울의 붉은 열매

———

산수유 노란 꽃이 피는 모습을 아주 가까이에서 볼 수 있었던 봄날이 있었습니다.

집의 화단에 가득 피어 봄날을 화사하게 만들던 노란빛의 산수유, 그 모습을 매일 보며 일터를 향했던 2017년의 봄날이었습니다.

꽃가지 하나를 조그만 도자기 화병에 꽂아두고 보며 봄날을 마음껏 음미하던 시간도 가졌었지요. 가까이에서 자세히 들여다보니 작고 작은 꽃송이들이 가득 모여 하나의 동그란 노란 꽃송이를 이루고 있었습니다. 서로 응원하며 차가운 봄바람을 서로 막아주며 함께 꽃피우는 봄꽃들의 지혜로움이 보이는 듯했습니다.

마음을 화사하게 만들어 주던 노란 꽃이 어느덧 지고 잎이 나오고 그 잎이 점점 커지고 초록으로 변해가는 모습과 여름날의 비바람과 강렬한 햇빛을 이겨내고 가을의 누런 낙엽으로 떨어지는 모습도 가만히 지켜보았습니다. 앙상한 가지만 남은 겨울의 산수유 나무를 보며 봄날을 회상해 보던 시간이 있었습니다.

시간의 흐름을 자연스럽게 그대로 보여주던 산수유를 매일 만나며 지나던 길이었습니다.

차가운 겨울, 주위가 온통 무채색으로 변하고 겨울의 고난을 준비하던 사람과 자연, 어느 날 화단에 무수한 빨간빛의 환한 불을 켠 모습으로 눈에 쏙 들어오던 산수유 열매가 보였습니다. 대롱대롱 가지 끝에 매달려 있는 모습이 참 예뻤습니다. 겨울비를 조롱조롱 달고 있던 모습도 신선했습니다. 타원형으로 다소 긴 모습의 빨간 열매가 봄의 꽃 모습을 연상시키며 달려있었습니다.

어느 고요한 주말 산수유 열매를 따서 모았습니다. 붉은 구슬을 따는 듯 기분이 좋아졌습니다. 과육과 씨를 분리해서 그늘에 두고 말리며 산수유 차를 만들어 보는 시간을 가졌습니다. 겨울의 어느 날 큰 주전자에 산수유 말린 것을 넣고 끓였지요. 하얀 김이 송송 나는 주전자에 산수유 열매를 넣고 끓이는 시간이 조용하고 맑았습니다.

빨간 기운이 감도는 맑은 산수유 차를 마시며 자연이 인간에게 베푸는 은혜로움을 생각했습니다. 나무와 풀꽃들이 자신의 자리에서 고유한 향기를 뿜어내며 인간에게 건네는 이로움을 생각해 보는 시간을 가졌습니다. 내년 봄에도 노란 산수유꽃이 반갑게 피어나리라 상상하며 산수유 차를 마시니 겨울의 회색빛 하늘을 보면서도 따스한 마음이 들었습니다.

불국사 앞뜰과 어린 꼬마

───────

　나뭇잎 다 떨어지고 겨울나무들이 침묵의 노래를 조용히 부르는 겨울의 어느 주말, 평온한 마음으로 불국사를 산책하러 벗과 함께 길을 떠났습니다. 겨울 특유의 새파란 하늘과 맑은 공기가 카랑하게 맵고 상큼하던 어느 날, 불국사 산책길이었지요.

　겨울의 맑음과 사찰에 켜켜이 쌓인 세월의 무게와 불국정토를 꿈꾸었던 우리 조상님네들의 숨결을 한번 더 만나고 싶었습니다. 그 시절의 불국정토를 꿈꾸었던 옛 분들이나 현시대의 복지국가, 평등국가, 사람 사는 세상을 꿈꾸는 후손들이나 이상향과 행복을 지향하며 노력했던 간절한 마음이 서로 통하여 있음을 느낍니다.

　옛 수학 여행길에 보았던 불국사 돌계단과 석가탑, 다보탑, 돌에 낀 이끼가 세월을 느끼게 하고 숙연한 마음이 들게 하던 내 마음속의 불국사였습니다.

　입구를 지나 깨끗하게 단장된 길을 조금 걸어 올라가니 아름다운 소나무들과 함께 의연히 자리하고 있는 불국사가

늘 그 자리에 그 모습으로 있음을 볼 수 있었지요. 잠시 돌계단을 바라보고 있었는데 어린 꼬마도 엄마 아빠와 털모자를 쓰고 걸어오고 있었습니다. 어린 벗들을 보면 요즘은 "이들이 바로 희망이다."라는 생각에 한마디 인사말을 걸어보려고 노력하고 있지요. 여느 때처럼 "안녕! 어서 와. 총명하게 생겼구나!" 덕담하며 아이와 말을 나누었는데, 이 아이는 기분이 썩 좋아졌나 봅니다. 금방 친해져서 무릎에 착 기대어 사진 찍는 포즈도 자연스럽게 취하고 기분 좋게 방긋방긋 웃었습니다. 부모의 사랑을 듬뿍 받고 자라는 것을 느낄 수 있는 아이였어요. 어린 꼬마의 엄마 아빠도 흐뭇하게 웃고 계셨습니다. 그 꼬마 아이를 만난 불국사 산책길은 어린 후손에 대한 희망으로 더욱 풍요로워졌습니다.

겨울 하늘의 무지개와 밤 여행

———

동료 교사들 스무 명과 일원이 되어 4주간 함께 먹고 함께 자고 함께 원어민과 수업도 하고 가족처럼 지냈던 현장 연수에 참여할 기회가 있었습니다.

미국 동북부의 겨울은 얼마나 춥던지요. 어마어마하게 내리던 하얀 눈과 밤새 그 눈을 치우는 기계를 운전하면서 두툼한 패딩을 입고 일하던 분들의 희미한 그림자와 바다처럼 보이던 세인트 로렌스강을 보았던 기억이 새롭습니다. 스노우 슈잉(Snow Shoeing)을 겨울 축제의 한 항목으로 정해놓고 진행하던 학교의 겨울축제 이야기를 그곳의 학생들로부터 듣기도 했지요.

주말에 동료들과 미국 동부와 캐나다 국경 인근지역으로 여행을 갔습니다. 가이드는 한국 청년이었어요. 가이드 역할을 하며 학비를 벌어 그곳에서 대학원 공부를 하고 있다는 소식과 여러 현지의 에피소드를 양념으로 맛깔나게 이야기하며 가이드 역할을 잘하던 씩씩한 한국의 젊은이를 그곳에서 만날 수 있었지요. 참 행운이란 생각이 듭니다. 전 세계에 퍼져서 자생력을 키우며 강인하게 살아가고 있는 해외 동포들의 저력을 보는 생생한 기회였습니다.

국토가 워낙 광대하여 "잠깐만 가면 됩니다."라는 가이드의 말이 한 시간 혹은 두 시간 정도를 말하는 것이라는 느낌을 체험했지요. 한두 시간의 마음의 거리가 바로 옆집을 가는 오분 정도에 해당되는 광활한 지역임을 체험하는 순간이었답니다. 환경에 따라 생각과 말과 행동에 영향을 상당하게 받는 우리 인간임을 체험했지요. 내가 아는 것을 함부로 단정 지어 말하는 위험을 조심해야겠다고 생각했었습니다. 장님 코끼리 만지기 비유가 이런 것이겠지요.

돌아오던 오후, 해가 지고 어스름이 빨리 내리고 밤이 차츰 차츰 깊어가던 밤늦은 길의 버스 안, 세인트 로렌스강은 검은 바다처럼 보였습니다. 차창으로 하늘을 보니 겨울의 밤하늘에 달이 떠 있었고 그 주변에 둥근 형태의 작은 무지개가 형성되어 있는 것이 보였어요. 겨울 하늘에 무지개가 뜨면 굉장히 추운 날씨라고 하더군요. 밤하늘의 달을 둘러싼 무지개를 보니 이곳이 정말로 추운 곳임을 느낀 여행의 마지막 날 귀가길이었지요. 차창 너머 어두워진 밖을 보며 삼년 전 우리 자식들의 가슴속으로 긴 여행을 떠나신 아버지를 많이 그리워했던 시간이기도 했습니다.

아무리 추운 지역에서도 사람들은 적응하여 살아가고 자연에 기대어 삶을 가꾸어 나갑니다. 추위를 극복하고 강철 무지개의 기백을 배우기도 하며 끊임없이 자신들의 삶의 이야기를 써 내려가는 사람들의 현재진행형의 숭고한 삶의 무게를 느끼며 돌아오던 겨울 여행길이었어요. 겨울 무지개는 나에게 강인한 이미지, 인간사의 치열함, 그러나 계속 이어지는 삶의 깊은 의미를 느끼게 해 주었습니다. 이육사의 시, 절정(絶頂)이 생각나기도 했었답니다. 우리의 선배들이 차갑고 낯선 땅으로 살길을 찾아 떠나던 1930, 40년대의 그 시절을 생각하며 이 시를 다시 찾아 읽었습니다.

고난이 개개인의 사람을 더 단단하게 만들고, 좀 더 넓은 의미에서 생각해 본다면 인간사회의 건강한 발전을 가져오는 동기가 될 수 있음을 겨울 무지개는 나에게 말하는 듯합니다. 늘 새롭게 자신을 다듬어 나가기를, 언제 어디에 있든지 "그때 그때 바로 그 자리에서 나 자신이 해야 할 도리와 의무와 책임을 다하는 것이 아름다운 마무리다."라고 말씀해 주신 어느 구도자의 목소리가 겨울의 강철 무지개 속에 스며있습니다.

절정(絶頂)

이육사

매운 계절의 채찍에 갈겨
마침내 북방(北方)으로 휩쓸려오다

하늘도 그만 지쳐 끝난 고원
서릿발 칼날 진 그 위에 서다

어디다 무릎을 꿇어야 하나
한발 재겨 디딜 곳조차 없다

이러매 눈 감아 생각해 볼 밖에
겨울은 강철로 된 무지갠가 보다.

언 강물에 비친 저녁노을

―――

아버지의 발자국을 따라 종종걸음으로 겨울바람을 헤치며 어린 시절 아버지와 함께 경북 상주 계산동에 있던 집으로 돌아오던 길이 생각납니다. 큰댁에서 새해맞이 집안 모임이 끝난 후 돌아오는 길이었지 싶습니다.

만산동 북천의 겨울바람은 참 용감했습니다. 어린 몸을 꽁꽁 얼게 만든 겨울바람의 위용을 생생하게 느꼈던 그 시절이었습니다. 겨울바람이 쌩쌩 불어오던 집으로 향하던 오르막길이 떠오릅니다. 어린 걸음에 그 길은 참으로 길었던 것으로 기억납니다.

살얼음이 낀 언 강물을 바라보던 나, 그 언 강물에 비친 저녁 붉은 노을이 생각납니다. 추위를 잠시 잊고 얼음이 얼어있는 모습과 강물의 결이 만들어내는 무늬가 참 자연스럽고 신기하다는 생각에 추위를 잠시 잊었던 것도 생각납니다.

계산동의 집으로 아버지와 걸어오던 저녁 길, 붉은 노을 강물 위에 타오르던 길, 지금도 상주 북천의 강물을 바라볼 때마다 나의 어린 시절이 조용히 떠오르곤 합니다.

큰 산으로 자리한 아버지의 모습이 집으로 오던 길의 추위를 따스하고 든든하게 만들어 주었던 생각이 납니다.

그 시절 내 안의 어린 나를 위로해 주는 마음을 갖습니다. 그 시절을 잘 견뎠다고, 고맙다고. 오늘의 나를 존재하게 한 그 강물, 그 저녁노을, 그해 겨울에 감사하는 마음을 갖게 됩니다.

눈사람과 여동생의 웃음소리

———

하얀 눈이 펑펑 유난히도 많이 내렸던 어느 해가 생각납니다.

그해는 특별나게도 많은 눈이 내리고 풍요로운 느낌을 주던 하얀 눈이 먼 산에도, 강가에도, 천방 둑에도 하얗게 수북수북 호빵처럼 쌓이던 겨울이었습니다.

고요히 내리던 눈이 그치고 동네에 개구쟁이들의 웃음소리가 넘쳐났지요. 바로 눈사람을 만들던 아이들이었어요. 그 흥겨운 작은 소동 가운데 여동생의 웃음소리, 해맑게 웃으며 눈사람을 만들던 소녀가 있었지요. 커다란 눈사람 위에 올라가 앉아 하늘 향해 크게 웃으며 세상 신나는 시간을 갖던 소녀가 있었답니다. 놀이가 주는 흥겨움과 카타르시스와 기쁨의 폭발을 보여주던 그 해맑게 퍼지던 겨울의 웃음소리가 아직도 내 귓가에 들리는 듯합니다.

평소에는 늘 말 없는 모습으로 자신의 의사 표현을 잘하지 않고 자신의 세계에서 내면으로만 웅크려있던 모습을 보여주던 녀석이었는데 그날 그렇게 환하게 웃음을 터트리다니, 깜짝 놀라 저 아이의 마음에도 저렇게 환한 웃음을 터트릴 수 있는 씨앗이 숨어 있었구나 생각하며 기뻐했던 순간이 있습니다. 하얀 눈이 만들어 낸 선물이라고 생각합니다. 자연이 주는 선물로 자신 안에 숨어있던 기뻐할 줄 아는 마음을 끄집어낸 내 동생, 참 고맙고 사랑스럽습니다.

해마다 눈이 오는 날이면 예쁜 여동생의 눈동자와 웃음소리가 겨울 선물로 다가옵니다.

벌교 태백산맥 문학관

————

오랜 시간을 기다리고 계획하고 마음을 먹은 벌교 여행을 완성한 어느 해 겨울이 있었습니다. 마음만 먹고 이런저런 사정에 미루고 취소하다가 기쁘게도 시간이 잘 조정되어서 감행한 여행이었습니다. 인생의 정원에서 함께하고 있는 오랜 벗과 삶의 나침반을 다시 정비할 필요가 있지 않을까 이야기를 나누었습니다. 새로운 마음으로 깨어있으며 보다 풍요로운 감성을 갖추고 다가오는 한 해를 새날처럼 시작해야 할 필요성을 공감하며 출발한 여정이었지요.

나는 소설을 참 좋아합니다. 소설 속에는 여러 사람의 인생이 담겨 있어 내 주위의 많은 사람이 자신의 인생을 어떻게 살아내고 있는지 간접적으로 만날 수도 있고 그들의 얼굴 표정과 이야기와 한숨들, 인내와 극복되는 고난들과 환희의 순간들이 활엽수 나뭇잎의 그물맥처럼 상호 연결되어 벌어지고 있음을 볼 수 있어 좋습니다. 이런 삶의 생생한 이야기들이 숭고한 학습의 장으로 나에게 다가옵니다.

그 중 '태백산맥'이란 소설을 처음 읽고 이후에도 여름과 겨울 한철 다소 긴 시간을 내어서 반복하여 여러 번 읽고 또 읽고 우리나라의 현대사를 생생하게 체험하는 시간을 누려왔습니다. 역사 속에서 한 개인의 삶과 가족의 삶과 한반도에 둥지를 틀고 있는 여러 사람의 삶의 모습들은 마음을 아리고 슬프게 만들고 분노하게도 만들고 기쁨에 넘쳐 함께 환호하게 만듭니다. 나도 역사의 강물에 한 발을 담그고 살며 이 땅에 뿌리를 두고 있는 한 사람이므로 소설 속의 여러 등장인물들이 더욱 다정다감하게 나에게 다가옵니다. 그 소설 속의 인물들이 지나다녔을 법한 거리를 걸으며 그 고장의 공기를 호흡하며 역사 속의 사람들을 느껴보고자 떠난 겨울 여행이었지요.

벌교 인근지역을 걸어 다니며 소설 속의 무대를 상상해 보고, 꼬막 정식을 음미하며 점심으로 먹고, 소화다리도 걸어보고, 조그만 간이역인 벌교역을 바라보며 삶은 고구마와 떡을 팔던 행상의 모습과 차부를 휘젓고 다니던 주먹패들과 그들의 눈물과 웃음을 상상하며 소설 속의 여러 삶의 양상들을 상상의 나래로 만나보았습니다. 갈대가 자라난 주변에는 둘레길로 만들어져 있더군요. 빙 천천히 한 바퀴 돌아 걸었습니다. 소설 속 인물들의 별 같은 삶, 불꽃 같은 삶을 생각하며, 역사 속에서 살다가 별이 된 무수한 사람들의 인생의 길을 생각해 보았습니다.

태백산맥 문학관은 조용한 모습으로 의미 깊게 다가왔습

니다. 작가의 작업의 흔적들과 삶의 궤적들을 차분하게 만날 수 있었고 치열했던 작가정신과 그 실천의 모습들이 보였습니다. 문학의 힘을 느끼며 그 힘을 체험하게 한 작가정신에 깊이 감사하며 지금 이곳에 살아가고 있는 나의 삶을 다시 고요히 돌이켜보는 시간을 가졌던 겨울 여행이었습니다.

기러기 가족

겨울이 다가오는 계절, 찬바람이 스산하게 낙엽을 이리저리 몰아가는 것이 보이는 계절, 한층 짧아진 해를 아쉬워하며 외투 깃을 세우고 퇴근하던 길이었습니다. 실개천 형태의 형산강 지류들이 모여 제법 큰 물줄기를 이루고 있는 서천을 따라 기러기 가족들이 푸드덕 날아오르는 것이 자동차유리 너머로 보였습니다.

지혜롭게 느껴지는 대오를 지으며 날아오르던 기러기 가족들, 찬 바람을 가르며 가족들이 저녁 무렵의 먹이활동을 하러 떠나는 길이었을지 모릅니다. 그 가운데 지도자도 있고 어린 새도 있었겠지요. 바람과 바람 사이를 지혜롭게 헤쳐가며 오히려 바람을 활용하여 날아오르는 기러기들, 시옷자로 대형을 이루며 날아가는 모습을 바라보며 집으로 돌아왔습니다.

세상 만물들이 자연에 기대어 살아가며 짓는 여러 형태의 지혜로움과 자연 속에서 살아가면서 철 따라 조화로운 몸짓을 만들며 큰 세상을 이루어가는 거대한 우주를 기러기의 날아오름 속에서 느껴보는 시간이었습니다. 사람과 철새, 억새풀, 겨울 저녁 무렵의 공기, 어두워가는 겨울 하늘, 이 모든 것들 속에서 우리는 하나임을 느끼게 됩니다.

집으로 돌아오는 길은 겨울이라 금방 어둠이 내리고 있었습니다. 동궁과 월지를 지나 선덕 네거리를 지나 좌회전을 하여 대릉원 입구를 거쳐 따스한 집으로 돌아오던 길이었습니다.

겨울 빈들에 서서

아침이면 벚꽃 나무들이 가로수로 서 있는 박물관 네거리를 지나 일터로 향합니다. 경주 남산자락에 자리한 새로운 일터를 향해 가는 길은 너른 들판과 나무들을 많이 만날 수 있어 좋습니다. 계절이 바뀌면 주변의 풍광들도 자연스레 바뀌어 갑니다. 봄풀이 연두빛으로 산야를 수채화처럼 물들이는 봄날과 여름의 용감한 자태와 가을의 산들바람과 누런 들판의 추수가 끝나고 고운 단풍의 계절이 지나면 들판은 서서히 침묵의 계절을 준비합니다. 벼가 베어진 들판에는 벼의 뿌리 부분은 들판에 그대로 남아 찬바람에 얼어있고 말없이 겨울의 추위를 견디고 있는 흙이 큰 산처럼 자신의 위치를 지키고 있습니다.

내부로 내부로 침잠하여 자신의 뿌리를 더욱 탄탄하게 만드는 겨울나무들처럼 들판이 자신의 내면을 깊이 있게 말없이 준비하며 견디고 있는 모습을 느낍니다. 침묵하는 무뚝뚝한 들판을 보면 서리 내린 빈 들판을 바라보며 희망의 봄날을 준비하고 있는 겨울 들판의 차가운 인내와 기다림을 느낍니다. 빈들에 불어오는 바람을 맞으며 한참을 서 있으면 "묵묵히 말뚝에 편자를 박았다."라고 기록한 이순신 장군의 목소리가 들리는 듯합니다. '지금 이 순간과 여기'에 집중하는 빈들의 모습을 보며, 백의종군 시절 그때 바로 그 자리에서 할 수 있는 일을 아름답게 마무리한 한 인간의 인내와 포용의 큰 자취가 마음에 되살아납니다.

다음에 올 봄날을 준비하며 지금은 침묵할 때, 지금은 고요히 자신의 내부를 들여다볼 때, 하늘빛과 바람과 눈을 받아들여 땅심을 풍요롭게 할 때, 그리고 크게 한숨 쉬어야 할 때임을 빈 들판은 말하고 있는 듯합니다. 삶은 경건하고 순결하게 순환되는 것임을 자연의 모습 속에서 봅니다.

노란 겨울 잔디밭의 후투티

겨울철이 되면 잔디는 초록 갈색의 옷으로 갈아입고 겨울을 준비합니다. 자연 잔디가 덮여있는 운동장을 걸으면 잔디의 폭신폭신한 감촉을 그대로 느낄 수 있습니다. 겨울 잔디밭은 억센 풀의 기운이 그대로 남아 있습니다. 걸을 때마다 풀들의 겨울나기를 그대로 느낄 수 있습니다. 뿌리를 더욱 단단하게 준비하고 초록의 잎새들은 갈색으로 단호하게 버리고 비우며 겨울을 채비하고 있습니다.

어느 겨울날, 운동장 산책길에는 갈색의 잔디풀 사이에 새의 머리처럼 생긴 것이 두 개가 보였습니다. 나는 '아, 새처럼 생긴 돌인가보다.' 생각하며 무심코 발길을 옮기는데 살짝 움직임이 보였지요. 새로구나, 하며 반가운 마음에 걷다가 멈추어 서서 가만히 바라보았어요. 새가 놀라지 않도록 조심하며 바라보기만 했지요. 한 녀석은 미동도 없이 정물로 가만히 있었어요. 다른 한 녀석은 나의 시선을 느꼈는지 운동장 저편의 철봉 근처로 날아갔습니다. 한 마리는 움직임 없이 그대로 오랫동안 있더군요. 머리에 왕관을 쓴 듯한 후투티였습니다. 갈색과 흰색 검은색의 깃털과 머리의 왕관은 인디언 추장의 모자를 닮은 듯한 우아한 후투티였지요.

며칠 뒤 운동장 걷는 길에는 더욱 조심스러워졌습니다. 혹시 후투티가 와서 먹이활동을 하고 있는 수도 있는데 방해를 하면 미안한 마음이 들거든요. 우와, 일곱 마리가 무리를 이루며 부지런히 고개를 까딱이며 잔디밭 사이의 먹이를 찾아 움직이는 것이 보였습니다. 머리에 모두 왕관을 쓴 모양이 후투티들이었어요. 이번에는 일부러 새들과 멀리 떨어진 거리를 유지하며 그들을 바라보며 천천히 걸었답니다. 찬바람 속에서도 먹이활동을 부지런히 하며 자신들의 생을 꾸려나가고 있는 자연의 한 식구를 보며 미소를 지었습니다.

잔디는 늘 초록이어야 한다는 생각에서 벗어나 다소 여유를 가지게 되었습니다. 그 계절에 합당한 모습, 그 자리에 합당한 모습이면 모두 아름다운 것 아닌가 생각하게 되었지요. 겨울 노란 잔디마당에 날아와 부지런한 생의 모습을 보여준 후투티들, 그들의 날갯짓을 보며 자연에 깃들여 살아가는 모든 생명들의 삶이 경건하고 숙연하게 느껴진 순간이었습니다.

칼국수 만드는 겨울 오후의 햇살

———

서른 즈음에 손으로 직접 칼국수 만드는 방법을 엄마로부터 배웠습니다.

겨울날 주말의 오후, 따스한 햇살이 커다란 유리창을 통해 들어오는 날이면 손칼국수를 즐겨 준비합니다. 가족들의 먹거리를 내 손으로 직접 만들어 준비하면 더욱 따스하고 건강한 식사 시간이 될 듯하여 손칼국수 만드는 기술을 배웠지요.

손으로 투박하게 만든 울퉁불퉁한 국수는 왠지 더 정답게 느껴집니다. 우리밀 통밀가루와 계란 한 개, 식용유 한 두 방울, 소금 약간 넣어 간을 하고 물 조금 넣고 밀가루 반죽을 만듭니다. 어느 정도 반죽 형태가 될 때까지 정성껏 치대다가 삼십 분 정도 숙성되도록 냉장고에 넣어 둡니다.

손칼국수 국물을 우려내는 방법은 여러 가지가 있습니다. 멸치를 주로 사용하여 멸치 국물을 만들기도 하고 쇠고기와 다시마를 활용하여 육수를 우려내기도 합니다.

홍두깨를 사용하여 반죽을 얇게 펴고 밀가루를 뿌려 들러

붙지 않도록 하며 면발을 만들 수 있도록 얇게 펴는 작업을 계속합니다. 주로 두 사람이나 네 사람을 위해 만들기에 그다지 큰 노력은 들지 않습니다. 어느 정도 반죽이 얇아지면 접어서 도마 위에 두고 칼로 적당한 간격으로 썰어 칼국수 면을 만듭니다. 국물이 팔팔 끓어오르면 면을 넣고 잘 익을 때까지 끓입니다. 대파와 묵은 김치, 양파 등 야채를 적절히 넣어서 다시 한번 끓이고 넓은 칼국수용 대접에 담아서 맛있게 먹습니다.

칼국수용 대접은 전통시장의 그릇 점에서 특별히 마음에 드는 것으로 준비해 두었어요. 정성들여 마련하는 가족의 식탁, 아름다운 그릇에 예쁘게 담아 함께 식사를 할 수 있도록 준비하는 것은 가족들의 자존감 강화에 큰 역할을 할 것 같습니다. 함께 밥을 먹는 사람들을 식구라고 하지요. 참 다정한 말이라는 생각을 새삼 하게 됩니다.

박목월의 시 속에 나오는 밀밭을 상상하며 칼국수 빚는 시간은 즐거운 시간이 됩니다. 늘상 먹는 밥상에 약간의 변화를 줄 수 있는 손으로 빚은 칼국수 한 그릇은 새롭게 가족들의 입맛을 돋우는 기분 좋은 식사 시간이 됩니다. 주로 점심 식사로 겨울의 햇살 창가에 들어오는 오후에 자주 준비하던 칼국수 한 그릇입니다. 그 안에 엄마의 손과 미소와 목소리가 스며있고 젊은 날의 추억이 함께 스며있습니다.

교실 밖 겨울 여행길의 청계천과 붕어 풀빵

———

경북의 조그만 시골 학교에 근무하던 때였습니다. 2016년의 2학기가 마무리되어가는 어느 겨울의 시간이었습니다. 3학년 전체 학생들인 열다섯 명의 남녀 학생들과 담임 선생님이 함께 여행하는 학교 밖 체험학습이 진행되었습니다. 학생들과 국어담당이신 담임교사가 함께 1박 2일 여행을 하며 많은 시간을 함께 보낼 수 있는 체험활동이었습니다.

삼월부터 십이월까지 진행되었던 한 해의 학교생활을 스스로 돌이켜보고 마음을 정리하며 다가오는 새로운 학년도의 계획을 세우기도 하며 새롭게 자신의 위치와 미래와 꿈들을 다시 정립해 보는 소중한 기회로 삼을 수 있는 체험학습 시간이었습니다.

조용한 시골 학교에서 생활하던 학생들은 서울로 문화 체험하기를 많이 원했습니다. 열다섯 명의 아이들이 회의를 통하여 자발적으로 리더를 선정하고 체험하고 싶은 코스를 계획하여 동선을 짜고 하고 싶은 일들과 저녁에 먹을 맛있는 간식 메뉴도 기획하며 담임 선생님과 함께 풍요로운 체험학습을 준비하였습니다.

나는 그 당시 부담임으로 함께 참여할 수 있는 고마운 시간을 가질 수 있었습니다. 체험현장의 다큐멘터리 사진기자를 자청하며 순간의 기록을 찰칵찰칵 찍어 단체카톡방에 올렸습니다. 생생한 체험현장의 사진들과 여행지의 간단한 설명들을 실시간으로 학교에 계시는 선생님들이나 교장 선생님들과 나누며 공유하는 역할을 스스로 하며 아이들과 함께하는 순간을 기록하는 기쁨과 자부심을 느끼던 시간이었습니다.

광화문 광장을 걸어가며 세종대왕을 다시 만나보고 그분의 애민정신이 펼쳐지던 조선 초기를 상상하기도 하였습니다. 세월호를 타고 수학여행을 떠났던 학생들의 사진들이 빼곡하게 걸려 있던 천막을 지나며 우리의 아이들과 숙연한 시간도 함께 가졌습니다. 조금 더 걸어 횡단보도를 지나 경복궁으로 들어갔습니다. 왕들의 거리와 정원과 업무를 보던 옛 건물들을 보며 세월의 축적을 생생하게 느껴보기도 하였습니다.

다음 날 일정이 시작되었을 때 동대문 평화시장을 지나며 전태일 상을 만났습니다. 우리나라 70년대 산업사회의 어린 노동자들의 모습과 그들의 생활을 생생하게 전해주던 전태일의 목소리가 불꽃 속에 메아리쳐 오는듯했습니다. 자신보다 어린 여공들에게 일 마치고 돌아오던 길의 버스 차비였던 돈으로 풀빵을 사 주고 자신은 집으로 오는 그 먼길을 타박타박 걸어서 돌아왔다던 이야기가 생각났지요. 사람의 사랑만이 자신이 가진 사과를 반으로 쪼개 나눌 수 있다고 노래한 시인을 생각하며 전태일의 모습을 바라보고 그의 뜻을 가슴에 새겼습니다.

가을바람이 불기 시작하고 거리에 낙엽이 찬바람에 이리저리 휩쓸려가는 무렵이면 거리의 모퉁이에는 붕어빵 카트가 문을 열기 시작합니다. 지금도 따끈따끈한 붕어 풀빵을 사 먹을 때마다 졸업반 학생들과 함께했던 그때의 교실 밖 서울여행이 생각납니다. 그들과 함께 걸었던 청계천 거리와 그곳에서 뜨겁게 울려 퍼졌던 불꽃같은 목소리와 자신의 차비로 붕어 풀빵을 사서 건넨 손길과 그의 사랑의 실천이 깊은 울림을 주며 생각납니다.

제주 가족여행과 키다리 행운목

─────

 겨울의 어느 날, 가족 여행길에 제주를 향했던 적이 있습니다. 육지와는 다른 색감, 비행기 창문으로 내려다 볼 수 있는 깊이에 따라 달라지는 바다의 빛깔이 참으로 매력적으로 와 닿았습니다. 우리의 일상에서 볼 수 있는 것과는 다른 섬의 흙의 모습, 검은 돌담, 무엇보다 노란 귤나무들이 정원수처럼 자연스럽게 마당을 차지하고 있는 이국적인 제주도의 향기를 만나러 출발한 여행이었답니다.

 대구의 공항 대합실에서 비행기를 기다리는 시간, 아이들의 군것질은 어묵으로 된 핫바였습니다. 아직 어린 시절의 둘째는 아마 세 살이었으리라 생각됩니다. 아빠의 재롱둥이, 서로 장난치며 노는 모습이 상큼했지요. 아빠는 아이에게 입을 크게 벌리며 "아, 아빠 한 입 주세요."했다나요. 그때 그 녀석은 "안돼요."하며 고개를 절레절레 저으며 함박웃음을 웃으며 또 크게 웃고 하며 장난을 쳤다고 하네요. 그 증거로 아빠는 나에게 보여주었어요. 아이를 향해 또 "아빠 한 입 주세요."했더니 역시 신나게 웃으며 "아, 안돼요."하며 천

진하게 웃더라구요. 아마 아빠는 자신을 무조건 보호해주고 지지해주는 천사로 마음속에 살아있었나 봅니다.

추억 속의 아이 모습입니다. 어린아이에게 부모는 무조건이지요. 나에게도 누군가가 무조건 지지해주고 무조건 믿어주고 응원해주는 사람이 그리워집니다. 아니 이제는 내가 누군가에게 그런 사람이 되고 싶다는 생각을 하게 됩니다.

비행기를 탄 후 잠시 뒤 제주공항에 도착하였습니다. 겨울이라 어린 두 보물 단지들은 내가 직접 뜨게질하여 만든 털모자를 쓰고 두둑한 외투를 입고 있었지요. 여미지 식물원으로 갔습니다. 잘 가꾸어 놓은 식물원 안은 후텁지근했습니다. 작고 어린 몸이라 까르르 까르르 웃으며 재잘거리다가도 금방 피곤해져 잠에 빠져드는 어린 세 살 동이는 업고 여러 가지 식물들의 초록 세계를 기분 좋게 걸어가며 체험하였습니다. 그날의 행운목의 키 큰 모습과 초록의 긴 잎새가 참 인상적이었습니다. 첫째 보물은 엄마 아빠와 함께 잘도 걸어 다녔습니다. 의젓한 모습을 보여주는 보물이 듬직했던 제주 여행길이었습니다.

오죽 대나무숲의 청아한 바람

바람도 대나무숲을 지나면 푸른색으로 변하는 듯합니다. 쏴아 쏴아 바람이 지나가는 소리를 듣습니다. 푸른색의 바람이 지나가는 듯합니다. 겨울의 한가운데에서 대나무숲을 걷다 보면 햇살에 반짝이는 대나뭇잎과 바람 소리와 대나무 향에 젖어 들어 산책하는 나도 푸른 대나무가 되는 듯 느껴집니다. 쭉쭉 뻗어 나가는 대나무처럼 나의 키도 쑥쑥 크는 듯한 느낌이 듭니다.

사군자 중에서 대나무를 좋아하는 사람들의 마음을 이해할 듯도 합니다. 추운 겨울, 주변이 온통 무채색으로 겨울을 견디고 있는 시절, 곧게 쭉쭉 하늘 향해 뻗어간 줄기와 청청한 푸른 잎을 무수히 달고서 바람에 흔들리며 사색에 잠겨있는 듯한 모습은 고요한 사색의 세계로 빠져들게 합니다. 겨울의 대나무를 보며 생각을 정리해 보는 시간을 가집니다.

첫째, 새해를 어떻게 시작해야 할까?

둘째, 작년보다 나은 올해를 만들기 위하여 나의 삶을 어떻게 설계해 볼까?

셋째, 나의 행동 실천 덕목은 무엇을 중점적으로 정하고
  실행해 나갈까?

넷째, 새해에는 어떤 새로운 도전을 해 볼까?

다섯째, 세상을 이롭게 할 구체적인 실천사항들은 무엇
  일까?

대나무 중에서도 줄기가 검은빛인 오죽의 그 날씬한 줄기
와 마디를 보며 곧고 청정한 곳에 마음을 두어야겠다는 생
각을 합니다. 뿌리는 현실의 흙에 끝없이 깊이 묻어두고 줄
기와 잎은 하늘 향해 기운차게 속삭이는 꿈을 대나무를 바
라보며 생각합니다.

화려한 무늬 수놓은 유리창에 낀 성에

———

어린 시절 여덟 살 무렵이었으리라 생각합니다. 추워도 추운 줄도 모르고 동네 밖에 나가 뛰어놀았던 어린 시절, 밤에 자고 일어난 어느 날 아침, 유리창에 하얗게 성에가 끼어 있었습니다. 그 화려한 무늬와 자유롭게 뻗어 나간 성에의 무늬를 바라보며 신기해하던 어린 단발머리 소녀 시절 나의 모습이 생각납니다.

나의 어린 시절에는 아파트가 없었습니다. 이중창의 개념도 없었지요. 가을이면 한지로 문풍지를 달아 추운 겨울을 대비하는 것이 방한의 한 작업이었습니다. 추위를 정직하게 느낄 수 있는 집의 구조와 의복 상태와 맑은 공기와 쨍하고 시퍼렇던 겨울 하늘이 나의 마음에 청정하게 남아 있습니다.

나의 어린 시절에는 공기가 참 맑았다는 생각이 듭니다. 유리창에 낀 성에도 맑고 깨끗하고 하얀 꽃무늬였던 것으로 기억됩니다. 그곳에 겨울 아침 햇살이 비치는 모습을 보면 노란 햇살이 성에를 서서히 비추고 빛의 움직임에 따라 변해가던 성에의 색깔과 손으로 만지면 살며시 녹아들던 모습이 생각납니다. 추웠지만 따스한 기억으로 되살아옵니다.

　대기오염이나 미세먼지 농도 등의 개념은 세계적으로 경제개발이 한참 진행된 이후 우리의 뇌 구조에 들어 온 개념이라 생각합니다. 추웠지만 아름다웠던 겨울, 유리창에 낀 성에가 겨울이 그리는 눈꽃이구나 느꼈던 시절, 그때 우리 형제들은 올망졸망 다람쥐처럼 아주 어렸고 활발하게 눈 쌓인 마당을 뛰어다녔답니다. 젊은 엄마와 아버지도 그 기억의 사진 속에서 웃고 계십니다.

포근한 뜨게실과 겨울의 중앙시장

———

　가을바람에 활엽수는 잎새들을 우수수 모두 떨어뜨리고 정직한 가지들만이 남아 있는 계절, 투명해진 따가운 가을 햇살이 햇과일과 햇곡식에 모두 스미고 난 후 어느 날, 찬 바람이 불어옵니다. 첫겨울 영하로 처음 내려가는 날, 찬 바람이 살짝 불어오면 나는 마음이 설렙니다.

　여러 가지 다양한 색깔의 뜨게실이 칸칸이 차곡차곡 정리되어있는 경주의 아랫 시장이라 불리는 중앙시장의 뜨게 가게를 들러 색실을 고르고 싶어집니다. 가게 주인 부부는 다정하게 색실을 사러 오는 손님들을 맞이합니다. 친절하게 설명도 해주며 사랑방 손님들처럼 뜨게질을 배우러 오는 사람들을 가르쳐주기도 합니다.

　가게의 아줌마 사장님은 여러 가지 소품들을 좋은 솜씨로 손뜨게로 만들어 가게 안의 공간을 잘 활용하여 전시해 둡니다. 수세미와 마스크 목걸이, 크고 작은 가방, 커튼, 운전핸들 커버, 방석 등 생활소품들을 모두 손으로 짜서 멋지게 배치를 해 둡니다. 여러 가지 스웨터와 조끼, 원피스, 그리고 모자와 머플러를 다양한 색깔로 예쁘고 실용적으로 만들어 걸어 두고 손뜨게를 좋아하는 사람들의 마음을 설레게 합니다. 어쩌면 그렇게 솜씨가 좋을까 감탄하며 바라봅니다.

오랜 시간에 걸쳐 나도 손뜨게 작업에 흥미를 갖고 옷을 여러 가지 만들어 보았습니다. 완성되어가는 옷을 보면 성취감으로 뿌듯함을 느낄 수 있어 많은 시간을 사용했지요. 엄마와 아버지께 선물로 스웨터를 짜 드리고, 친구에게는 모자를 짜서 선물로 건네주곤 했답니다. 모두들 얼마나 기뻐하는 모습이었는지 모릅니다. 덩달아 나도 참 기뻤답니다. 그들의 기쁨이 곧 나의 기쁨이 되었습니다.

얼마 전 목도리를 짜서 정다운 벗에게 선물을 해 주었습니다. '핸드 메이드' 상표도 달고 제법 정성을 쏟은 최근 작품이었지요. 영하 십 도에 달하는 몹시 추운 어느 겨울날 아침, 출근길에 양복을 입고 그다음 폭신폭신한 목도리를 목에 두르고 또 그 위에 코트를 입고 일터로 나가는 그의 모습은 참 따스해 보였습니다. 찬 바람을 막아주는 목도리, 한땀 한땀 정성을 들여 짜나가기 때문에 아마도 마음이 더 따스하게 느껴지지 않을까 생각합니다.

내가 만든 손뜨게 작품을 사용하는 사람들이 삶의 한 현장에서 언젠가 추운 마음이 들 때, 사람들과의 만남에서 거리감으로 서운함을 느낄 때, 바로 그 순간 누군가 그들을 위해 따스한 마음으로 바라보고 응원하고 있음을 생각하게 만드는 한올 한올 정성이 되기를 바랍니다. 그리하여 때때로 예고도 없이 만날 수 있는 춥고 상한 마음이 따스하게 녹아 내려 다시 마음을 잡고 힘을 내는 겨울날의 작은 선물이 되었으면 좋겠다는 희망을 갖습니다.

하늘 높은 곳에 집을 짓는 새들을 보며

———

메타세쿼이아 나무가 시원하게 늘어서 있는 산림원을 산책하던 어느 겨울날이었습니다.

여름에는 잎사귀에 가리어져 잘 보이지 않던 새들의 하늘 집이 선명하게 보였지요. 나무의 가장 높은 꼭대기에서 조금 내려 온 위치에 자리를 잡고 가장 안전한 곳인 가지와 가지 사이에 슬기와 지혜를 동원하여 아빠 새와 엄마 새가 부지런히 지었을 새집이 보였습니다. 짙은 갈색의 나뭇가지를 여러겹 엮어 동그랗게 지은 타원형의 집이 제법 커다랗게 나무 아래에서 위로 쳐다보는 시선에 들어왔습니다.

나뭇가지로 엮어 동그랗게 안정된 모습의 집, 천연의 자연 재료로 지은 새의 집은 참 신선했습니다. 새들이 어떻게 집을 저렇게 잘 지을 수 있는지 늘 볼 때마다 신기한 생각이 듭니다. 아슬아슬한 높이의 나무 위에 비와 바람에 무너지지 않게 정성껏 탄탄하게 만들어진 집, 어린 새끼를 무사히 길러낼 수 있도록 지혜롭게 잘 지어진 새들의 집을 보면 인간만이 지혜로운 존재가 아님을 느낍니다.

가끔 나뭇가지를 입에 물고 하늘을 날아가는 새들을 본 적이 있습니다. 해마다 집을 보수하고 새로 짓고 하는 모습이 인간의 삶과 별반 다르지 않음을 느끼는 순간이었습니다. 자연에 깃들어 사는 모든 생물의 삶이 경건하고 치열함을 또 느끼게 됩니다. 그 절실함이 자연의 세계에 가득 차 있음을 느끼는 순간입니다.

늦겨울 햇살 따사로운
낮은 언덕에서 냉이를 캐며

———

봄비같이 풍성한 비가 내린 어느 겨울, 일월 말경의 주말이었습니다. 풍성하게 내리는 비가 차창에 동그란 무늬를 수놓으며 떨어지는 모습을 오래 바라보았지요. 비가 그리는 무늬는 동그란 모양이라는 걸 새삼 느낄 수 있었습니다. 규칙적으로 부드러운 리듬을 만들며 토닥토닥 고요히 내리는 고운 비였습니다.

땅속에서 봄풀들이 움직이고 있으리라는 즐거운 상상을 하며 내리는 비를 바라보았습니다. 다음날은 청아한 하늘, 따사로운 햇살, 공기도 부드럽게 봄날처럼 날아다니던 겨울날의 하루였습니다. 어제 내린 비로 흙은 물기를 머금고 더욱 부드러워졌습니다.

산책길에 나서며 낮은 언덕에서 일찍 올라 온 냉이를 캐러 갔습니다. 흙냄새를 맡으며 부드러워진 땅의 감촉을 느끼며 냉이를 캐니, 향긋한 냉이의 향기가 나의 마음을 더욱 다사롭게 만들고 온 사방에 조용히 봄이 오고 있음을 느낄 수 있게 해 주었습니다.

소리 없이 자신의 자리에서 계절의 흐름에 맞게 자신의 역할을 조용히 수행해나가는 자연의 힘을 냉이를 보며 느낍니다. 그 겨울의 추위와 바람과 적막함을 견디고 그 작고 연약한 모습으로 당당하게 땅 위에 잎새를 부채처럼 최악 펼치며 동그랗게 얼굴을 내미는 냉이를 보며 '작은 것이 아름답다'라는 말을 생각합니다.

생명의 힘은 참으로 놀랍습니다. 그 생명을 넓은 마음으로 품고 있는 자연의 너그러움과 강인함과 넓음과 지속적으로 차분히 진행해 나가는 그 어김없음에 놀라운 마음을 갖습니다.

겨울 아침과 할머니의 목소리

1월의 어느 겨울 아침, 맑고 카랑한 공기가 느껴지던 날, 나의 꿈길에 나타나신 할머니가 생각납니다. 아버지를 깊은 사랑과 정성으로 키워내신 분, "우리 강아지야!" 하시며 나를 많이 귀여워하셨던 친할머니셨답니다. 나의 삶의 한 정원에서 서정적인 소녀의 감성을 간직하셨던 외할머니와 조금 다른 빛깔로 나에게 다가와 나의 삶을 영글게 하셨던 친할머니의 다정함과 엄격함, 열정적으로 사셨던 삶의 모습이 아직도 가슴에 선명히 남아 울림을 주고 있습니다.

당신을 가장 많이 닮은 자손이 바로 나라며 애틋한 눈길로 바라보시던 태산 같은 분, 사람이 또 다른 사람에게 꽃이 될 수 있음을 할머니의 삶 전체를 통해 보여주셨습니다. 사랑이 무엇인지 자비의 마음이 무엇인지 손으로 직접 마련하시며 온몸으로 살아내시던 모습이 떠오릅니다.

어느 겨울 아침 어렴풋이 잠이 깼다가 다시 설 잠이 든 어느 날 아침이었어요.

"네가 참 열심히 했구나! 우리 강아지, 수고했어요."

나를 찾아오신 할머니의 목소리가 생생하게 생각납니다. 일터에서 넓은 의미에서 보면 같은 영역에 있지만 다소 다른 일들이 펼쳐지는 또 다른 장으로 전직을 준비하던 시간이 있었습니다. 다소 어려운 관문이라 틈틈이 시간을 내어 등용문을 통과하고자 준비하던 나날들, 차근차근 소의 발걸음으로 필요한 것들을 하나씩 다듬어가며 준비하던 알뜰했던 순간들이 생각납니다. 시간 한올 한올이 얼마나 소중하게 와 닿던지요.

지금 돌아보면 그 준비의 기간이 보석처럼 다가옵니다. 매 순간이 순수한 몰두로 채워지던 빛나는 순간이었으니까 말입니다.

새로운 일터로 발령을 기다리던 어느 해 1월, 할머니께서는 그 소식을 아셨나 봅니다. 이른 아침 꿈길로 찾아오신 할머니, 그분의 목소리가 또렷이 생각납니다.

감사합니다, 할머니! 나를 강아지로 부르시던 할머니의 목소리와 눈길과 손길이 생각납니다. 다정한 추억도 생각납니다. 손톱이 길고 단단하셨던 분, 그분의 손톱을 깎아드리던 순간이 있었습니다. 할머니를 업어드렸던 기억도 새롭게 살아납니다. 커피를 유난히 좋아하셨던 분이기도 했습니다.

할머니 덕분에 오늘의 제가 있습니다. 인생의 길목에서

새로운 한 단계를 넘으며 고비를 넘은 기념패를 할머니 품
안에 바치는 마음입니다.

『아낌없이 주는 나무』 책 한 권을 그리던 겨울

———

    겨울의 맑고 시린 하늘을 좋아합니다. 너무나 깨끗하고 쨍하게 맑은 겨울 하늘을 보면 단순하고 간단하게 살아야겠다는 마음을 가지게 됩니다.

    여름과 가을의 무성하고 화려하던 잎새들과 꽃잎들을 다 떠나보내고 오로지 근본에 집중하면서 줄기와 뿌리를 더욱 탄탄하게 만드는 작업을 말없이 수행하는 겨울나무들의 모습이 새파란 겨울 하늘 사이사이로 비칩니다. 나무와 겨울 하늘이 참 많이 닮았다는 생각을 합니다.

    겨울에는 차가운 날씨에 동동거리며 걸음을 더욱 빨리하며 걷는 나의 산책길입니다. 겨울나무의 고요한 침묵을 지켜보며 걷는 시간마다 겨울 하늘을 바라보며 생각에 잠깁니다. 강철같은 느낌의 겨울 하늘은 내년 봄 연둣빛 새싹의 움틈을 준비하며 묵묵히 자신의 내부에 집중하며 침묵에 들어간 나무들을 고난의 추위를 보내며 응원하고 있는 듯합니다.

    겨울 어느 오후에 『아낌없이 주는 나무』 책을 다시 꺼내어 읽어보았습니다. 그림과 글이 여유롭게 구성되어 있으며 고요히 생각에 잠기도록 하는 책이어서 즐겨 읽어보곤 하던 책이었습니다. 4B 연필을 깎아서 준비하고 노트에 그대로 필사를 해 보았습니다. 나무 밑둥치와 나무 잎새들, 소년과 숨바꼭질하며 이야기하는 나무의 대화, 떠나가는 소년, 노인이 된 소년과 나무그루터기의 대화를 노트에 그리고 적어보며 그 책의 의미를 깊이 새겨보려고 노력했던 80년대 어느 겨울이 나에게 있었습니다.

겨울의 차갑고 시린 하늘과 겨울나무의 준비와 기다림과 인내와 『아낌없이 주는 나무』의 책이 주는 의미가 서로 연결되어 나의 젊은 겨울을 형성하던 옛날이 생각납니다.

슈쿠란 바바(Shukuran Baba)와
수단 어린이 브라스밴드 그리고 부활

———

2014년 어느 날 한 친구가 이태석 신부님에 대해 이야기를 해 주었습니다. 한인 리포트에 나온 기사를 읽었다고 전해주었지요. 그 당시에는 별 관심 없이 들었던 것 같습니다. 그해 런던과 더블린에서 다소 길었던 시간 동안 외국 현지 연수단에 참여하여 고국을 떠나있었던 시간이 있었습니다. 한국어만 들어도 반가운 마음이 들곤 하던 시절, "해외에 계시는 동포 여러분……"이라는 방송 멘트를 들어도 고맙고 반가운 마음이 들던 시절이었습니다. 차곡차곡 진행되는 연수의 하루 일과가 끝나고 홈스테이 가족들과 저녁을 먹고 난 후 자유로운 저녁 시간에 이태석 신부님의 삶을 노트북에서 찾아 만나기 시작했습니다.

세상에서 극심하게 가난한 나라 중의 하나인 남수단을 보여주었던 어느 수사님의 안내로 그곳에서 생활하기로 결심하셨다는 분, 그림과 음악, 건축가, 교육자, 의사, 그리고 사제로서의 삶을 현지인들 속에서 스며들어 사셨던 분, 그분이 살아 낸 자비의 삶을 만났습니다.

사람이 사람에게 꽃이 될 수 있음을 보여준 그분의 삶의 이야기는 소박하고 진실하며 눈물겨운 이야기였지요. 아이들과 브라스밴드를 만들어 연습하고 음악으로 총 대신 악기를 연주하도록 이끌며 전쟁의 폭력과 극심한 가난의 슬픔을 이겨내도록 당신 삶을 통하여 인도하신 손길도 감동적이었습니다. 망고나무 아래에 칠판을 걸어 두고 아이들에게 수학을 가르치시던 분, 주민들과 강에서 모래를 퍼 와 벽돌을 만들고 학교 교실을 지어나가시던 분, 그분을 기억하는 현지 원주민들의 눈동자와 감사와 그리움의 눈물이 오래도록 마음에 새겨졌습니다.

귀국한 이후 계속 수단의 어린이들과 만남의 끈을 이어가고 있고 내가 할 수 있는 일을 나의 위치에서 하고자 마음을 열어가며 조금씩 조금씩 확장해가는 삶을 살고자 노력합니다. 몇 년 후 수단 어린이 장학회에서 개최하는 작은 음악회에 초대를 받았습니다. 여의도 살레시오 수도원에서 열린 작은 음악회에는 소박하게 여러 사람들이 모여 음악회를 갖고 그분의 뜻을 기억하며 발전시켜나가려는 노력을 지속하고 있는 모습을 만날 수 있었습니다.

'슈쿠란 바바(Shukuran Bara)'는 'Thank you, dad!'이라는 뜻의 수단 언어입니다. 그분이 직접 만드신 '슈쿠란 바바(Shukuran Bara)' 노래를 가끔 들어봅니다. 해마다 돌아오는 하얀 겨울의 1월이면 우리 곁을 떠났으나 별이 되어 빛나고 있는 그분을 생각하게 되고 그분의 삶의 뜻을 새롭게 마음에 담고자 이 노래를 다시 들어봅니다.

그분이 가신 지 어느덧 10년이란 세월이 흘렀습니다. 그분이 남수단에 뿌렸던 씨앗이 열매를 맺는 것을 보았습니다. 그때 그 교실에서 어린 학생들이었던 아이들이 성장하여 의사로 약사로 기자로 사회에 나아가 선한 영향력을 끼치며 그분의 뜻을 이어가며 발전시켜가고 있는 것을 보았습니다. 사람이 사람에게 꽃이 되어 열매를 맺고 그 열매는 다시 또 옆 사람에게 선한 파장을 주고 또 다른 열매를 맺고 확장되어가는 세계를 보는 것은 얼마나 큰 기쁨인지 모릅니다. 이것이 참다운 삶의 '부활'이 아닐까 생각해 봅니다. 참아름다운 사람들을 알게 되어 나도 덩달아 아름다운 사람이 된 듯합니다.

에필로그

한 걸음 한 걸음 생각에 잠겨 걷는 길에 만나는 공기와 구름과 햇살이 참 좋았습니다, 길옆에 보이는 풀꽃들과 야생화와 이름이 익숙한 꽃들도 만났습니다. 그들이 철 따라 다른 얼굴과 향기를 전해주며 세상을 아름답게 만들던 모습들이 생각납니다.

자신의 자리에서 아름다운 마무리를 하던 그네들, 연두에서 초록으로 짙푸른 진초록으로 그리고 노랑과 빨강, 자주와 갈색으로 마무리를 조용히 하던 자연의 친구들. 그네들이 하루하루 계절의 햇살에 따라 달라져가는 모습을 자세히 보며 걷던 시간들이 쌓여 하나의 이야기책으로 엮어졌습니다.

그들은 나에게 '아름다운 마무리'를 속삭이곤 했습니다.

그때 그때 바로 그 자리에서
나 자신이 해야 할 도리와 의무와
책임을 다하는 것이 아름다운 마무리다.
– 어느 구도자의 말 –

오늘도 자연의 한 일부가 되어 걷는 길이 좋습니다. 철 따라 공기의 향기도 다르고 물빛도 다르고 햇살의 강도도 다르게 느껴집니다. 그러나 한 우주에서 상호작용하는 생명의 기운이므로 친구같은 느낌이 듭니다.

산책하는 습관을 들인 이후 주변의 작은 생명들, 연둣빛 잎새와 나무들과 작은 야생화 풀꽃들의 이름을 조금 더 알게 됩니다. 보다 더 따스하고 예민하게 관심을 가지고 살펴보며 그들의 이름을 찾아 기억하며 그 속에서 내가 살고 있음에 다시 감사하는 마음을 가집니다. 해마다 사월이면 생각만 해도 참 기분 좋은 친구들을 만나러 가는 길의 나의 마음은 풀잎들처럼 상큼해집니다. 참 좋습니다.

2021년 사월의 어느 날,
새남산길에서 햇살에 비치는 연두 잎새들을 바라보다.

조현숙